Hans-Werner Wienand

Verlierer

Wahre Lügen aus der Seglerwelt

Aequator

MIX
Papier aus verantwortungsvollen Quellen
FSC® C013736

Climate Partner °
klimaneutral

Druck | ID 12027-1512-1001

Impressum

Bibliographische Information der Deutschen Nationalbibliothek: Die Deutsche Nationalbibliothek verzeichnet diese Publikation in der Deutschen Nationalbibliographie; detaillierte bibliographische Angaben sind im Internet unter https://dnb.de abrufbar.

Aequator GmbH, München
© 2016 Aequator GmbH

Grafik: Helden & Mayglöckchen GmbH & Co. KG, Karlsruhe

Titelbild: Fotolia
© Sergey Nivens

ISBN 978-3-95737-010-5

Jenen Brüdern und Schwestern
unseres gemeinsamen Planeten gewidmet,
die unterwegs sind,
wach ihre Träume zu leben.

Geschichten müssen gut sein, nicht wahr.

Die Geschichten in dieser Sammlung haben sich zugetragen – so oder so ähnlich – aber alle Hinweise wurden verwischt, die Kielspuren geglättet. Sollten Sie irgendwo, in irgendeinem Hafen der Welt, an irgendeinem Ankerplatz dennoch glauben, Ähnlichkeiten zu wahren Ereignissen oder Personen zu entdecken oder entdeckt zu haben, seien Sie versichert, dass diese Ereignisse oder Personen nicht gemeint sind.

Schriftsteller dürfen lügen.

Inhalt

Verlierer	11
Neuanfang	21
Nennen wir ihn Volker (1)	31
Opti-Eltern, kauft euch endlich Stöcke	37
Der große Gonzo	43
Macho	51
Begegnung	57
Segelpiercing	61
Nennen wir ihn Volker (2)	67
Thekenmonolog	75
Paradies	79
Ree	91
Robby	95
Nächstenliebe	103
Alles in Ordnung, Mausi!	113
Circo	125
Nennen wir ihn Volker (3)	137
Franz Kafka	147
Ratten an Bord	161
Geburtstag	169
Happy Independence	183
Wüstenregatta	193
Glossar	196

Verlierer

Sie war der Typ von Frau, die einen Mönch bewegen könnte, den ganzen Tag die Glocken zu läuten, oder den Papst dazu, die Putten von der Säule zu treten. Es gibt solche Frauen in der Fantasie und auf Bildern in Magazinen, wenn die zuständigen Redakteure Fotosoftware wirklich beherrschen. Und mit „wirklich" meine ich, wenn sie in ihrem Job göttliche Meister sind und nebenher auch noch wissen, worauf es ankommt.
In der Wirklichkeit findet man diese Frauen nicht. Dazu ist die Evolution zu wenig kreativ gewesen. Und zu langweilig.
So war ich bei der Rückkehr auf mein Schiff schon ein wenig erstaunt, als ich die Frau in meiner Kajüte sitzen sah. Sie trug ein T-Shirt, das eigentlich mir gehörte, und eine Jeans, ebenfalls aus meinem Schrank. Sie saß da, vor sich meinen Lieblingskaffeebecher, den mit dem aufgedruckten Schweinemotiv. Der Becher war gefüllt und dampfte.
Und dann diese Stimme:
„Es ist noch Kaffee da", sagte sie. „Ganz frisch aufgebrüht."
Ich rede nicht mit Hologrammen. Nicht mehr, seit ich nach Beendigung meiner Drogenexperimente in frühen Jugendzeiten beschlossen habe, mich in meinem Leben mehr auf Handfestes zu verlegen.

Realität kann auch ganz schön aufregend sein, das habe ich als Segler gelernt. Also begann ich wortlos damit, die frisch eingekauften Sachen im Kühlschrank zu verstauen, ignorierte den personifizierten Flashback in meiner Sitzecke hinter mir und nahm mir vor, gelegentlich über persistierende Wahrnehmungsstörungen zu recherchieren.
„Nimmst du Milch oder Zucker oder beides?"
Ich knallte die Kühlschranktür zu. Zu heftig.
„Schwarz!", sagte ich.
Der Arzt meines Vertrauens war 18.000 Seemeilen entfernt. Luftlinie! Es wurde klar, dass ich diese Situation allein bewältigen musste. Ein Kaffee konnte dabei nicht schaden. Ich setzte mich auf die andere Seite des Kajüttisches, nahm den angebotenen Becher, trank einen Schluck. Der Kaffee war gut, war offensichtlich mit genau der richtigen Zeremonie gefiltert, so, wie ich es selber mache.
„In Ordnung", sagte ich. „Kaffeekochen kannst du also!"

*

Nora wurde wach und wusste, dass irgendetwas nicht stimmte. Sie sah auf die Kajütuhr. Sie hatte eine halbe Stunde zu lang geschlafen. Eric hatte sie nicht geweckt. Wachwechsel alle drei Stunden, das war ihre Vereinbarung. Sie hörte das Rauschen der außen am Rumpf entlangstreifenden Wellen und die hellen, zwitschernden Signale der begleitenden Delfine. Sie konnte die hochfrequenten Rufe der Tiere in ihrer Koje deutlich hören. Eric nicht. Er machte sich immer über sie lustig, wenn sie davon sprach. Aber sie wusste genau, wann wieder eine Schule die Schwärme kleinerer Fische jagte, die Schutz unter ihrem Schiffskörper gesucht hatten. Sie hörte sie deutlich durch die sechs Millimeter starke Stahlhaut der *Framtid*. Sechs Millimeter, die sie vom Tod trennten. Sechs Millimeter Schutz vor fünftausend Metern Wasser bis zum Grund. Sechs Millimeter, hinter denen sie sich sicher fühlte. Aber jetzt war sie beunruhigt.
Sie strampelte das dünne Laken zur Seite und ging gebückt nach vorn zum Navitisch. Eric war nicht zu sehen. Wahrscheinlich saß er draußen im Cockpit. Sie fand es nicht fair, dass er sie nicht geweckt hatte. Sie hatten eine klare Abmachung. Sie empfand es als diskriminierend, wenn er so tat, als ob sie geschont werden müsste.
Die Kurslinie auf dem Plotter malte eine saubere, gerade Linie über

die elektronische Karte. An dem einen Ende stand Cartagena, Columbia, der Zielpunkt war irgendwo in der Comarça Kuna Yala vor Panama. Der Autopilot arbeitete zuverlässig. Die Geschwindigkeit war gut, die Richtung perfekt. Das Radar war eingeschaltet. Auf dem Bildschirm gab es keine bedenklichen Punkte, keine verwischten Flecken von drohenden Squalls, keine unbekannten Hindernisse, keine anderen Segler, mit denen man kollidieren könnte. Alles war in Ordnung. Eine angenehme, südkaribische Tropennacht.

Sie zog ihre Fleecejacke über und stieg den Niedergang hoch. Sie wusste genau, was sie Eric sagen würde; und sie wusste auch wie. Sie würde nicht mehr freundlich sein. In der letzten Zeit hatte sich eine Menge in ihr angestaut. Einen Teil davon würde sie jetzt abarbeiten.

Das Cockpit war leer.

Sie stolperte die letzte Stufe des Niedergangs hoch, war dann draußen. Die Frontscheiben des Deckshauses waren von nebliger Gischt beschlagen. Aber sie konnte das Vorschiff überblicken. Ein Dreiviertelmond am klaren Nachthimmel schickte ausreichend Licht. Hinter der Backbordsaling stand dicht über dem Horizont das Kreuz des Südens. Von dessen Fuß aus explodierte der Diamantstaubschweif der Milchstraße über den Himmelszenit nach Norden. Zum Heulen schön.

Eric war nicht an Deck.

„Eric...?" Sie sagte es leise, fragend, vorsichtig; so, als ob sie niemanden stören wollte. Aber dann wollte sie stören. Sie schrie.

„Eric!"

Sie sprang den Niedergang wieder nach unten und schrie.

„Eric!"

Sie stürzte ins Vorschiff, stieß mit dem Schienbein gegen eine Sitzkante, spürte nicht den Schmerz, riss die Toilettentür auf.

„Eric!"

Auch der Toilettenraum war leer.

Sie schloss die Augen. So konnte sie besser sehen. Sie sah alles gleichzeitig. Sie sah das leere Cockpit, das verlassene Deck, die leere Vorschiffskabine. Sie sah das Boot allein in der Weite des Ozeans, allein mit ihr. Jetzt spürte sie den Eisenring, der sich um ihre Brust legte. Sie spannte die Brust, dehnte das Zwerchfell, saugte die Luft ein, kämpfte gegen den Ring an, der sie zu ersticken drohte.

„Eric." Sie sagte es noch einmal. Ganz leise diesmal. Ohne Sinn. Sie wusste, niemand würde sie hören.

Sie stolperte zurück zum Navitisch und drückte die MOB-Taste am Plotter. Man Over Bord. Auf dem Bildschirm flammte ein rotes Kreuz auf, markierte elektronisch die aktuelle Position. Aber die momentane Position war nicht der Ort, wo es passiert war. Man Over Board! Wo *es* passiert war! Wie das klang! Was? Was war passiert? Aber viel wichtiger noch: Wo? Wo in dieser unendlichen Wasserwüste?

Wieder kroch sie den Niedergang nach oben, tastete im Cockpit nach dem Startschlüssel des Motors. Der Schlüssel lag immer einsatzbereit. Darauf hatte Eric bestanden. Für Notfälle! Sie drehte den Schlüssel, heizte den alten Diesel ein paar Sekunden vor, startete. Die Maschine sprang sofort an, lief gleichmäßig und ruhig im Leerlauf. Sie registrierte, dass der Auspuff das Kühlwasser in gleichmäßigen Schüben ausspie. Routine. Alles in Ordnung.

Nichts war in Ordnung!

Sie rutschte den Niedergang wieder herunter, fiel, stieß hart gegen den Navitisch. Die *Framtid* lief mit sechs Knoten Fahrt. Vor 215 Minuten hatte sie sich von Eric verabschiedet und war in ihre Koje gekrochen. Also hatte sie Eric seit 3,58 Stunden nicht mehr gesehen. Seitdem hatte das Schiff 21,5 Seemeilen zurücklegen können. 21,5 Seemeilen, auf denen sie suchen würde. 21,5 Seemeilen, auf denen sie im Sternenlicht einen kleinen Menschenkopf zwischen den schwarzen Einmeterfünfzigwellen finden musste.

Sie würde die Segel bergen und unter Motor langsam auf Gegenkurs gehen. Sie würde jeden Zentimeter jeder einzelnen Welle, jedes einzelnen Wellentals absuchen. Ihr Blick war klar wie niemals zuvor. Es gab keine Tränenschleier. Die Tränen würde sie später fließen lassen. Nicht jetzt. Es würden Freudentränen sein. Sie würde Eric finden. Dazu war sie entschlossen. Es durfte nicht anders sein.

Zum dritten Mal in den letzten Minuten stieg sie den Niedergang hoch ins Cockpit und deaktivierte den Autopiloten. Sie wusste, was sie zu tun hatte. Zuerst mussten die Segel geborgen werden. Sie kuppelte den Motor ein und steuerte die *Framtid* von Hand in den Wind. Ihr Blick ging hoch zum Masttop. Der Pfeil des Windrichtungsanzeigers pendelt langsam in Richtung Bug. Je mehr das Boot gegen den Wind drehte, umso mehr begann es in den Wellen zu stampfen und

zu bocken. Sie gab etwas mehr Gas um das Boot zu stabilisieren. 1.300 Umdrehungen. Sie stand breitbeinig. Sie hielt das große Ruder umklammert und versuchte die tanzenden Bewegungen auszugleichen. Die Segel verloren den Winddruck, die Achterlieks begannen zu killen, die Schoten zu schlagen.
Dann sah sie Eric.
Eric saß auf der ersten Saling, fünf Meter über Deck, saß da, hatte mit den Armen den Mast umklammert, hielt sich fest, schaukelte mit dem tanzenden Schiff wie ein Kobold auf einem Baum. Die Beine baumelten lässig nach unten. Er lachte. Er sah, dass sie ihn entdeckt hatte und winkte ihr zu.
„Du hast ein schönes Stimmchen, wenn du schreist", rief er gegen den Wind, übertönte das Knallen der Segel. „Angst steht dir gut, wirklich gut…"
Sie stand da am Ruder, glich in den Hüften die Schiffsbewegungen aus, starrte diesen Mann auf der Saling an, starrte in dieses vor Lachen verzerrte Gesicht. Dann ließ sie das Ruder los, ganz langsam, stieg langsam den Niedergang nach unten, ging nach hinten, legte sich in ihre Koje. Sie starrte an die Decke. Sie dachte an nichts, sie weinte nicht. Sie war nicht erleichtert, sie war nicht traurig. Sie war leer. Sie hört nicht einmal mehr das Zwitschern der Delfine durch die Bordwand.
Sie blieb siebzehn Stunden liegen, auf dem Rücken, bewegungslos, bis sie Naguarchidup erreicht hatten, bis sie hörte, dass Eric die Ankerkette ausrauschen ließ, bis sie spürte, dass der Anker saß. Dann stieg sie den Niedergang hoch, durchquerte das Cockpit, sprang über die Reling, schwamm zum Nachbarboot, kletterte dort an Deck, zog ihre nasse, alte Kleidung aus, warf sie zurück ins Wasser, sah zu, wie Hemd und Hose davontrieben, ging nackt nach unten und begann, Kaffee mit fremdem Geschirr zu kochen.

*

„Warum hast du ihn nicht aus dem Mast geschossen?", fragte ich. „Eine Signalpistole kann überzeugende Löcher in bösartige Körper brennen."
„Weil er dann Opfer gewesen wäre", sagte sie.
Ich nickte. Ich verstand. Das muss man wissen. Das sind die Feinheiten einer Beziehung.

„Er ist ein Idiot", sagte ich.
„Du musst nicht höflich sein", sagte sie. „Ich habe mir ein trockenes T-Shirt und eine Jeans von dir geliehen. Wenn du nichts dagegen hast, reicht das erst einmal als Gefälligkeit."
Das Geschrei außenbords hörten wir gleichzeitig.
„Wir bekommen Besuch", sagte ich.
„Warum lebst du auf dem Wasser", fragte sie. „Warum segelst du?"
„Weil ich noch nicht tot bin", sagte ich.
„Das ist gut", sagte sie. „Aber damit es dabei bleibt, müssen wir jetzt etwas tun."
Wir gingen nach oben.
Eric umkreiste mein Schiff in seinem Beiboot. Er stand aufrecht, hatte ein Bein auf die Steuerpinne seines Außenborders gestemmt, lenkte nur mit dem Fuß. In der rechten Hand hielt er eine Machete.
„Wird er die benutzen?", fragte ich
„Sonst hätte er sie nicht mitgebracht", sagte sie.
Eric schimpfte und fluchte und drohte. In einem kleinen Radius zirkelte er um mein Schiff. Sein Außenborder quirlte das Meerwasser schaumig.
Wir sahen ihm zu, wir hörten ihm zu. Dann ging Nora einfach nach unten. Eric stutzte, als sein Ziel plötzlich verschwand. Er kuppelte den Außenborder aus. Mit abflachender Bugwelle trieb das Dinghi gegen mein Schlauchboot, das am Heck angebunden war. Eric holte aus und schlug mit der Machete auf den seitlichen Schwimmwulst. Mein Boot war prall aufgepumpt, die Machete federte auf der Gummihaut zurück, ohne Schaden angerichtet zu haben. Eric schlug wieder zu und wieder, schlug mit einem Kreuzschlag von rechts nach links, von links nach rechts, hieb auf das aufgeblasene Gummi ein, kämpfte wie ein wahnsinniger Tempelritter gegen eine angreifende Räuberhorde und immer wieder prallte das Haumesser ab, schnellte hoch wie der gefederte Schlegel einer Orchesterpauke.
Dann stach er zu. Mein Schlauchboot trieb zur Seite, aber die angespitzte Klinge drang durch die äußere Gewebehaut. Ich hörte, dass die Luft entwich und Eric hörte es auch. Jetzt schlug er nicht mehr, jetzt stach er auf das Boot ein, auf die andere Auftriebskammer, auf den Bugwulst. Das Dinghi verlor seine Bootsform, wurde schlaff, die vierzig Kilo des Außenborders am Heckspiegel zogen das Material nach unten.

Eric atmete schwer, aber er hatte jetzt den triumphierenden Blick eines siegreichen Gladiators. Er hob die Machete über den Kopf, eine Hand am Griff, eine Hand an der Spitze. Er hielt sie mit beiden Händen, formte damit über sich ein Dach.
„Das ist der Beginn einer langen Feindschaft", sagte er. „Vergiss deine Zukunft!"
Er kuppelte seinen Außenborder mit einem Fußtritt ein und rauschte auf einer sich aufstellenden Heckwelle zurück, an der ankernden *Framtid* vorbei in Richtung Ufer. Am Steg lockten eine bunte Lichterkette und die Bar Elefantes. Elefant-Island. Der Seglertreff in Kuna Yala! Eric würde an der Bar Trinker finden, die ihm zuhörten. Was soll ein Sieg nach einer Schlacht, wenn er nicht gefeiert werden kann?

„Bereit für ein bisschen Leben vor dem Tod?", fragte Nora.
An der Festmacherleine zog ich die schlaffe Gewebehaut an Deck, die einmal mein Schlauchboot gewesen war. Sie war UV-stabil und tropentauglich. Ich hatte vorgesorgt. Und dann schlug das Schicksal mit einer Keule zu, auf die ich nicht vorbereitet war.
Gut so!
„Jetzt sofort", sagte ich. „Nicht später. Jetzt bin ich bereit."
„Gut", sagte Nora. „Dann rauf mit dem Anker."
Sie drückte mir einen flüchtigen Kuss auf die Wange, so nebensächlich wie lang vertraut. Mit einem gestreckten Sprung flog sie über die Reling, tauchte ins Wasser und war verschwunden.
Ich startete den Motor, ging nach vorn und ließ die Ankerwinsch arbeiten. Fünfundzwanzig Meter Kette rasselten in den Kasten, dann war die *Amygdala* frei, trieb ohne Wind auf der Stelle. Ich stellte mich an das Ruder und wartete. Ich hörte, dass der Motor der *Framtid* ansprang, hörte dort die Ankerkette einlaufen. Die *Framtid* ging langsam auf Nord-Ost-Kurs, würde nach wenigen Kabellängen auf Nord, dann auf Nord-Nord-West gehen, sich vorsichtig durch die schmale Riffdurchfahrt tasten, raus aufs offene Wasser. Ich kuppelte ein und folgte ihr.
Der Schrei war wie der Schrei eines gequälten Tieres. Ich sah, dass Eric über den Steg vor der Bar Elefantes hastete, in sein Schlauchboot sprang, dass er den Außenborder anriss und Vollgas gab. Und ich hörte ihn schreien. Er hörte nicht auf. Er stand in seinem Dinghi, schrie, lenkte mit einem Fuß, starrte auf die *Framtid*, die in

langsamer Fahrt davontuckerte.

Eric stand viel zu weit hinten, gab viel zu viel Gas. Der Bug seines kleinen Bootes bäumte sich um mehr als 45 Grad auf, der schwere Außenborder saugte sich gurgelnd fest. Aber er war immer noch schneller als die *Framtid*, viel schneller. Er erreichte sie, rammte sein Schlauchboot gegen den Rumpf, prallte ab, lenkte wieder gegen. Und er hielt etwas in der Hand, etwas Dunkles, Klobiges, eine Waffe. Eric richtete eine Signalpistole auf die *Framtid*. Sein kleines Boot tanzte in der Heckwelle, sprang und bockte. Eric hatte Mühe zu zielen. Er zielte auf Nora.

Ich erhöhte die Drehzahl der *Amygdala*, versuchte die *Framtid* einzuholen, versuchte Eric abzudrängen. In der schmalen Riffpassage blieb nicht viel Manövrierraum.

Eric schoss.

Eine rote Leuchtkugel mit 1.500 Grad Celsius verließ in einer Flammenlanze den Lauf, zischte tief über das Cockpit der *Framtid*, verfehlte Noras Kopf nur um Zentimeter, streifte die Wanten auf der Steuerbordseite. Funkenfetzen explodierten, sprühten über das Deck, als die Feuerkugel an den Stahlseilen zerriss.

Die *Amygdala* war jetzt nur noch eine halbe Bootslänge hinter der *Framtid* und hinter Eric. Ich sah, dass Eric den Lauf der Pistole abknickte, die abgeschossene Hülse herausgleiten ließ und nachlud. Und ich sah, dass sich Nora zur Seite beugte, etwas hochhob, etwas Längliches und nur noch mit der rechten Hand lenkte. Nora trat auf die Süllkante, stütze sich mit den Knien gegen die Reling. Eric hob die Signalpistole, Nora hob die Harpune. Nora schoss zuerst. Der Pfeil bohrte sich in die rechte Seite des Schlauchbootes. Der Wulst platzte auf und der hochtourig laufende Außenborder riss das plötzlich instabile Schlauchboot zur Seite. Eric verlor den Halt, verlor die Pistole. Der Motor kippte, saugte Wasser an. Es gab einen harten, hässlichen, metallischen Schlag als der Kolben zerriss. Für Sekunden war nur noch das ruhige, zuverlässige Wummern der beiden Dieselmotoren zu hören. Dann begann Eric wieder zu brüllen, unmenschlich, tierisch, blieb zurück auf dem zerstörten Schlauchboot, während die beiden Segler den Kurs über Backbord änderten und das Riffgewirr der Lemmon Cays verließen.

Die *Framtid* lief mit niedrigen Drehzahlen selbstständig unter Auto-

pilot. Sie würde so weiterlaufen, bis die Dieseltanks trocken waren oder ein Riff ihren Rumpf aufschlitzte. Ich manövrierte längsseits und ließ Nora zu mir übersteigen.
„Ist er jetzt Opfer?", fragte ich.
„Nein, das war ein ehrlicher Kampf", sagte sie. „Jetzt ist er Verlierer."
Sie ging nach unten schaltete das Funkgerät ein. Ich hörte ihre Durchsage.
„SECURITÉ – SECURITÉ – SECURITÉ…"
Sie meldete eine führungslose Yacht und warnte die umliegende Schifffahrt. Sie gab die Position der *Framtid* durch, deren Kurs und Geschwindigkeit.
„Ich fühle mich gut", sagte sie, als sie wieder neben mir im Cockpit saß.
„Dafür sind Segelboote da", sagte ich.
Nora lächelte.
„Und die Menschen darauf!"
Sie blickte auf den Kompass.
„Cholon?", fragte sie
Ich nickte. Achtzig Seemeilen! Morgen konnten wir den Zugang zum Panamakanal erreicht haben und dessen Schleusen wären für uns Tore in eine andere Zukunft. *Framtid*[*] war Vergangenheit.
„Südsee!", sagte Nora. „Ein guter Gedanke."
„Der stille Ozean!", sagte ich. „Lass ihn uns ausprobieren…"
Kein Ende in Sicht.

---

[*] *Framtid* (norwegisch/schwedisch): Zukunft

Neuanfang

Die *Nevertheless* war das ideale Schiff, das war auf den ersten Blick klar. Olli S. wusste sofort, sie war ein Glücksfall, sie war die Lösung, sie war sein neuer Anfang.
Nevertheless – schon in dem Wort schwang genau der Trotz mit, den er so dringend leben wollte: Aufbegehren, schöpferische Energie nach Niederlagen, Kraft nach Schwäche, Zuversicht trotz Handicap, Auflehnung dann, wenn sie notwendig war, wenn das Schicksal seine Keulen schwang. Das gefiel ihm. Er konnte im Wartebereich des Jobcenters die weiße Fahne hissen und recherchieren, wo der Schnaps am billigsten war, oder aber den Riten der Maoris folgen, die Hände auf die Schenkel schlagen, die Brust aufpumpen, die Knie und Hüften beugen, mit den Füßen stampfen, der Vorsehung die Zunge zeigen und seinen ganz privaten Haka tanzen.
Er war entschlossen zu tanzen.
Die *Nevertheless* war vollkommen. Jedes einzelne Detail hatte ihn überzeugt. Genial, wie sämtliche Fallen ins Cockpit umgeleitet wurden. Er konnte Segel setzen und bergen, das Groß reffen, eine Baumbremse bedienen, selbst den Anker fieren und aufholen und in der Halterung fixieren und das alles, ohne auch nur einmal den Platz am Steuer verlassen zu müssen. Alle notwendigen Winschen,

alle Klampen waren in einem engen Kreis angeordnet, dessen Mittelpunkt der Körper war und dessen Radius durch die Reichweite der Arme begrenzt wurde. Zusätzlich konnten die Winschen elektrisch angetrieben werden. Perfekt. Komplizierte Bedienungsvorgänge waren radikal vereinfacht worden, alle überflüssigen Spielereien waren eliminiert. Es war leicht, die 39 Fuß Länge über alles im Sitzen zu manövrieren, in jeder Situation, bei jedem Wetter.

Der Eigner musste ein besessener Tüftler und Bastler sein. Vielleicht ein Ingenieur, ein Bootsbauer, ganz sicher aber ein Fachmann. Die Anordnung der Umlenkrollen, der Belegklampen, die Führung von Fallen, Schoten und Hilfsleinen, die Bauausführung, das alles war kein Standard. Jedes Detail strahlte Überlegung aus, Intelligenz, technisches Wissen und seglerisches Können gleichzeitig. Es war die bestmögliche Kombination.

Die *Nevertheless* war das ideale Fahrtenschiff. Sie war ideal für einen Einhandsegler. Sie war ideal für den zukünftigen Einhandsegler Olli S.

Olli S. hatte den Eigner der *Nevertheless* noch nie gesehen. So lange er das Schiff beobachtete, war niemand an Bord gewesen. Seit zwei Wochen war Olli S. auf Schiffssuche, seit zwei Wochen besuchte er jeden Tag die *Nevertheless*, setzte sich oberhalb der Steganlage auf die Bank am Deich, saß da, wurde aus der Entfernung mit dem Deckslayout des Schiffes vertraut. Es war längst sein Schiff, obwohl er es bisher noch nicht einmal berührt hatte. Trotzdem war es ein gutes Gefühl. Es war ein gutes Gefühl, ein Schiff zu haben. Es war das erste gute Gefühl, seit ihn der Redaktionsleiter in sein Büro bestellt hatte und ihn mit diesem speziellen Blick angesehen hatte. Olli S. hatte verstanden, noch ehe der Redaktionsleiter auch nur ein Wort gesagt hatte. In 37 Berufsjahren hatte Olli S. gelernt, in Gesichtern zu lesen, so zuverlässig wie er zwischen den Zeilen von geschönten Presseverlautbarungen lesen konnte. Ausflüchte und Verschleierungen funktionierten nicht. Nicht bei ihm. Für ihn zählten nur Tatsachen und Wahrheiten. Er spürte die versteckten Fakten auf und wenn es notwendig war, wurden sie in seinen Artikeln und Kommentaren hingerotzt, so schnörkellos, so gnadenlos, dass kein Tarnnebel auch nur den Hauch einer Chance hatte.

„Warum ich?", fragte Olli S. Er fragte es, bevor der Redaktionsleiter die üblichen Textbausteine von Verschlankung und schrumpfenden

Abonnentenzahlen, Rückgang auf der Inserentenseite, Einbrechen der Werbeeinnahmen und Senkung der Fixkosten abspulen konnte.
„Nun, also", sagte der Redaktionsleiter und ordnete den längst geordneten Papierstapel vor sich, „das ist so…"
„Warum ich?", fragte Olli S.
„Du willst es wirklich wissen?", fragte der Redaktionsleiter.
„Wenn ich etwas frage, will ich etwas wissen", sagte Olli S.
„In Ordnung", sagte der Redaktionsleiter. „Einer musste es sein – und du bist nicht mehr effektiv."
Nicht mehr effektiv! Während er für Recherchen noch die Redaktion verließ und auf der Straße nach Antworten suchte, fragten die jüngeren Kollegen die digitalen Suchmaschinen. Sie saßen an ihren Schreibtischen und rechneten weniger Spesen ab, aber sie waren nicht besser als er. Sie ließen sich von den Algorithmen der asozialen Netzwerke durch die Manege führen. Ihre Arbeiten waren schnell, schrill und anspruchslos. Es bedeutete nichts, ein guter Journalist zu sein. Wichtig war nur Effektivität.
Olli S. stand auf. Er wusste, hier gab es nichts mehr zu diskutieren. Seine Zeit war abgelaufen.
Einer musste es sein!
Sein Leben lang war er stolz darauf gewesen, aufrecht, ohne Deckung in den Schussbahnen zu stehen. Er hatte lange überlebt. Jetzt hatte es ihn erwischt.
„Über die Abfindung können wir dann noch sprechen", sagte der Redaktionsleiter. Er sagte es kumpelhaft. Er erinnerte sich daran, dass er auch Freund war und nicht nur dazu da, Exekutionsentscheidungen von oben weiterzureichen. „Immerhin 37 aktive Jahre – da ist finanziell jede Menge Luft nach oben…"
Olli S. schloss die Bürotür von außen und war Frührentner.

Seine Frau sagte Olli S. am Abend, dass sie mit ihrem Kegelbruder in Urlaub fahren würde, kurz bevor er ihr sagen konnte, dass er ab heute Frührentner war. Ihr Kegelbruder war auch sein Kegelbruder. Sie kannten sich seit Jahren. Pärchenkegeln jeden Donnerstag! Der große Autor des Lebens fand immer die treffenden Formulierungen. Er hatte dabei einen ausgeprägten Humor und wieder einmal mit der satirischen Schicksalskugel in die Vollen getroffen. Pärchenkegeln! Seine Frau würde nach ihrem Urlaub nicht wieder in die gemeinsame

Wohnung zurückkehren.
„Es tut mir leid", sagte sie.
Olli S. sagte seiner Frau nicht, dass er Frührentner war.
„Es ist gut so", sagte Olli S. „Es ist Zeit für einen Neuanfang."
Er dachte an Freiheit und Wärme und an das Kreuz des Südens. Das war trotz allem mehr als genug, um ihn zum Lächeln zu bringen.

„Enkeltrick?", fragte der Sachbearbeiter der Bank. Er fand das witzig. „Ein entfernter Neffe mit russischem Akzent, der dringend Bargeld für eine Operation braucht?"
„Eine private Investition", sagte Olli S. Mehr Erklärungen würde er nicht liefern. Die Wahrheit würde ohnehin niemand verstehen. Um die gesamten Barbestände aller Sparverträge eines langen Berufslebens, aller Depots und aller Konten inklusive des großzügigen Disporahmens abzuheben, ist die Begründung „Neuanfang" nicht für alle schlüssig und nachvollziehbar. Ganz sicher aber nicht für diesen geölten Schlipsträger mit fetter Sicherheit in Anlehnung an die Bedingungen des öffentlichen Dienstes.
„Ungewöhnlich ist ihre Handlungsweise aber schon", sagte der Sachbearbeiter. „Das müssen sie zugeben."
„Das ganze Leben ist ungewöhnlich", sagte Olli S.
Der Sachbearbeiter dachte darüber nach. Philosophie hatte nicht zu seinem Ausbildungsspektrum gehört.
„Wenn Handlungsweisen nicht dem gewohnten Muster entsprechen", sagte der Sachbearbeiter, „bin ich angehalten, bei hohen Barverfügungen zur Sicherheit des Kunden zu recherchieren."
„Von Recherche verstehe ich mehr als sie", sagte Olli S. „Und auch von meiner Sicherheit."
Der Sachbearbeiter zuckte mit den Schultern und setzte die Miene auf, die er auch immer dann aufsetzte, wenn er sich nach häuslichen Diskussionen mit seiner Frau geschlagen geben musste. Das konnte er, das hatte er lange Jahre geübt, das zahlte sich jetzt aus.
Olli S. zeichnete die Auszahlungsbelege und Kontokündigungen ab. Der Sachbearbeiter ließ Scheine durch die automatische Zählmaschine laufen.
„Das ist eine Menge Bargeld", sagte er.
„Bekomme ich einen DIN-A4-Umschlag als Verpackung dazu geschenkt?", fragte Olli S.

„Den Handlungsspielraum habe ich", sagte der Sachbearbeiter. Er sagte es ohne zu lächeln. Er meinte das ernst. Vielleicht war er auch stolz darauf, soviel Eigeninitiative in seinem Job entwickeln zu dürfen.
Olli S. verließ die Bank mit einem Umschlag voller Geld unter dem Arm und fühlte sich wohl. Sein eigener Handlungsspielraum war jetzt weit wie die Welt.

Olli S. verließ sein Haus nur mit dem großen Rucksack und einem Schraubenzieher. Er hörte die Tür ins Schloss fallen, drehte sich aber nicht um. Er hatte sich nicht verabschiedet. Sentimentalitäten waren nicht angebracht. Vorbei! Vergangenheit war Vergangenheit. Die zurückliegenden Jahre hatten ihn erhalten, aber nicht befreit. Gesund dem Tode entgegenleben, das war Norm und das war Kette gleichzeitig. Die Kette gewährte Spielraum, aber die Möglichkeit zur Entfaltung war begrenzt. Kontrolliertes Ableben von Geburt an. Jede Menge Luft nach oben, das war bisher alles an Verheißung. Doch ab jetzt gab es zusätzlich auch jede Menge Luft nach vorn.

Das Schloss am Niedergang war kein Problem, wenn man wusste, wie der Schraubendreher anzusetzen war. Im ungünstigsten Fall würde ein Plexiglassplitter des Steckschotts abspringen oder ein Stück Gelcoat am Schiebeluk. Nachhaltigen Widerstand konnte der Riegel jedenfalls nicht bieten, war mehr Kosmetik als echte Sicherheit.
Vielleicht aber hatte Olli S. auch Glück und der Eigner der *Nevertheless* versteckte den Schlüssel da, wo zwei Drittel aller Segler in Deutschland ihre Schlüssel verstecken: Achterlich im Kasten für die Gasflaschen! Olli S. öffnete den Hebelverschluss, tastete blind hinter die Fünf-Kilo-Gasflasche und fand einen Schlüsselbund. Steckschottschlüssel, Starterschlüssel, Schlüssel für die Vorhängeschlösser der Backskisten, alles da. Gut so. Ab sofort hatte Olli S. Schlüsselgewalt. Erst jetzt fühlte er sich wirklich als Eigner.

Die Treppe des Niedergangs war flacher gestaltet, als bei einem Serienschiff, mit breiteren Stufen, die fast kleinen Tischen glichen und wurden von zwei stabilen Handläufen an beiden Seiten begrenzt. Auch das war ein privater Umbau, eine Sonderanfertigung.

Der Eigner hatte nicht nur die äußere Technik nach eigenen Vorstellungen verbessert, auch der Innenausbau war sehr speziell gestaltet und von erstaunlicher Kreativität. Olli S. stützte sich auf die Handläufe und glitt sicher auf ihnen in das Schiffsinnere ohne die Treppenstufen mit den Füßen zu berühren. Ideal in schwerem Wetter, ideal bei Lage, wenn schnell etwas unter Deck erledigt werden musste. Stolpern auf dem bockenden Schiff war ausgeschlossen.

Die Küchenzeile an Steuerbord mit vierflammigem Gasherd, Kühlschrank und Anrichte war ungewöhnlich niedrig gehalten. Obwohl es in der Kajüte volle Stehhöhe gab, konnte der Herd nur auf den Knien rutschend bedient werden. Niedriger Schwerpunkt, hohe Sicherheit bei unruhigem Wetter, das war eine alte Regel der Fahrensmänner. Zusammen mit dem robusten Handlauf aus Edelstahlrohr konnte in dieser Kombüse auch bei noch so üblen äußeren Bedingungen gearbeitet werden.

Olli S. verstaute die Lebensmittel, die er im Rucksack mitgebracht hatte. Es war nur eine Notration, würde aber die ersten Tage reichen, die ersten Tage seines neuen Lebens. Irgendwo im Kanal, im Süden Englands, würde er in einem kleinen Fischerort das erste Mal an Land gehen und organisieren, was für den langen Schlag über die Biskaya notwendig wäre; Diesel, Wasser, Lebensmittel. Das war der Plan. Dort würde er auch mit den Streifen aus Klebefolie den Schiffsnamen verstecken. Die Versicherung würde ein paar Tage brauchen, um die Fahndung nach dem Schiff in Gang zu bringen und das auch erst dann, wenn der Verlust der *Nevertheless* entdeckt sein würde. Die Chancen standen gut.

Mit langen Schlägen würde Olli S. versuchen, die Kapverden zu erreichen. Es würde ein Leichtes sein, sich dort vor Mindelo im dichten Ankerfeld der Fahrtensegler ohne Einklarierung zu verstecken. Alles Weitere würde sich dann schon ergeben, dann, wenn das Schiff getarnt wäre, wenn das äußere Erscheinungsbild ausreichend durch Farbe und Folien verändert sein würde. Die *Nevertheless* würde spurlos verschwinden, aber ihr Name würde sein Motto bleiben, sein Leitgedanke für ein neues Leben, für die große Tour auf der goldenen Sonnenstraße in Richtung Zukunft. Mit langen Schlägen weg von dem, was einmal gewesen war. Lange Schläge waren sicher. Sie waren die Lösung.

Es gab jede Menge Luft nach vorn!

Olli S. atmete nicht, als jemand von außen gegen die Bordwand klopfte.

„Moin, *Nevertheless*, jemand an Bord?"

Die Stimme klang gedämpft, aber deutlich. Viel zu deutlich. Viel zu nah.

Olli S. ließ die Luft langsam aus der Brust fließen, schloss die Augen, wartete einen Moment, sog die Lungen wieder voll.

„Fiete? Bist du das? Bist du da?" Die Stimme von außen wurde drängender, das Klopfen nachhaltiger.

Neben Olli S. lag der Schraubendreher mit der rutschhemmenden Griffstruktur und der scharfen Spitze. Er war dazu gedacht, das erste Hindernis zu beseitigen. Aber das Steckschott war gar kein Hindernis gewesen. Jetzt gab es ein wirkliches Hindernis.

„Alles in Ordnung, Fiete?"

Olli S. ließ den Schraubendreher auf dem Boden liegen, stand auf, ging zur Treppe, stellte sich auf die unterste Stufe, sah über den Rand des Niedergangs nach draußen, sah den Mann auf dem Nachbarschiff, der dort auf der Süllkante saß, die Beine über die Bordwand baumeln ließ, rote Apfelbäckchen mit blauem Adernetz, vom Seewind gegerbt, verblichene Pudelmütze als maritimer Akzent auf dem Haarkranz, die Arme auf dem oberen Relingsdurchzug abgestützt. Ein Mann von der Küste.

„Moin, Seemann", sagte Olli S.

"Moin, moin", sagte der Nachbar.

„Fiete ist nicht da", sagte Olli S.

„Soso", sagte der Nachbar.

„Ich wollte mal nachsehen, ob alles in Ordnung ist", sagte Olli S. „Fiete konnte nicht mit. Kleiner Unfall."

„Soso", sagte der Nachbar.

„Genau!", sagte Olli S.

„Was Ernstes?", fragte der Nachbar.

„Wenn man es hat, ja", sagte Olli S. „Knöchel verstaucht!"

„Knöchel verstaucht", sagte der Nachbar. „Soso. Das ist ja nun Pech, ne?"

„Genau", sagte Olli S.

„Nicht gut", sagte der Nachbar.

„Nicht gut", sagte Olli S.

Der Nachbar wischte sich mit dem Finger einen Tropfen von der Nase.

„Knöchel verstaucht?", fragte er.
Olli S. nickte.
„Hand oder Fuß?"
„Fuß", sagte Olli S.
„Fuß!", wiederholte der Nachbar und kratzte sich den Kopf durch die gestrickte Pudelmütze.
„Genau", sagte Olli S. „Der rechte."
„Soso", sagte der Nachbar. „Nicht gut!"
„Nicht gut", sagte Olli S.
„Muss er wohl schonen", sagte der Nachbar. Seine Augen waren jetzt schmal, so schmal wie sie durch langes Starren auf den Horizont in ausgedehnten Seereisejahren geformt werden, wenn sie dort, wo sich Himmel und Meer begegnen, etwas zu entdecken versuchen, was nicht zu entdecken ist.
„Genau", sagte Olli S.
„Genau", sagte der Nachbar. „Is ja'n Ding!"
„Das isses", sagte Olli S.
„Genau", sagte der Nachbar. „Dann bestell Fiete mal gute Besserung, wenn du ihn siehst."
„Mach ich", sagte Olli S.
„Genau." Der Nachbar stand auf, tippte mit dem Zeigefinger gegen die Mütze, schob die Hände in die Hosentaschen, kletterte vom Nachbarschiff auf den Kai und schlenderte davon.
„Er soll den Fuß schonen", rief er über die Schulter.
„Sag ich ihm", sagte Olli S.

Er war unterwegs!
Olli S. rundete eng das rote Licht der Hafeneinfahrt, ließ das Seezeichen an Steuerbord. Der Seegang nahm zu, als er aus dem Schutz des Wellenbrechers fuhr und Kurs auf die Ansteuerung nahm. Er spürte die Euphorie, die wie ein warmer Schwall seinen Körper durchflutete. Die Endorphine schlugen die Pauken und setzten zur großen Polonaise durch seine Blutbahnen an. Man konnte zweimal leben. Alles war gut. Das was störte, war nur das Schnellboot der Küstenwache, das mit schäumender Bugwelle von achtern auflief und den Deckslautsprecher einschaltete. Das war nicht gut.
„*Nevertheless*, hier spricht die Küstenwache. Halten sie Kurs und Geschwindigkeit bei. Wir werden bei ihnen längsseits gehen..."

Ein Schlauchboot mit vier bewaffneten Beamten als Besatzung löste sich vom Mutterboot. Seine zwei Außenborder mit je 300 PS gaben Schub, das Boot holte auf, war schnell.

Olli S. aktivierte den Autopiloten der *Nevertheless*, brachte Fender aus, die Bordleiter an Steuerbord. Er tat, was getan werden musste, ordnungsgemäß, vorschriftsmäßig, vorbildlich, und ahnte doch, dass alles vorbei war, als drei der Beamten an Bord kletterten, von denen keiner lächelte.

„Warum?", fragte Olli S.

„Schlecht recherchiert", sagte einer der Beamten. Er erklärte, dass er ab jetzt die Schiffsführung übernehmen werde. Er schaltete den Autopiloten ab, legte Ruder, wendete die *Nevertheless* und ging auf Gegenkurs zurück zum Hafen, eskortiert vom Schnellboot der Küstenwache.

„Fiete schont seinen Fußknöchel schon seit 17 Jahren", sagte der Beamte. „Er schont ihn seit seinem Motorradunfall. Er schont ihn, seit er querschnittsgelähmt ist."

Olli S. verstand. Er verstand, warum das Deckslayout so war wie es war, warum die Niedergangstreppe so breit und flach war und die Küchenzeile so niedrig.

„Fiete sitzt im Rollstuhl", sagte der Beamte. „Im Hafen kennen wir ihn alle. Er ist ein Kämpfer, einer der niemals aufgibt. Die *Nevertheless* ist sein Baby. Sie ist seine Art, sich gegen das Schicksal aufzulehnen."

Olli S. nickte.

„Eine gute Art", sagte er.

„Es war sein Neuanfang damals", sagte der Beamte. „Fiete war sehr effektiv. Effektiv gegen die Keulen, mit denen ihn das Leben klein halten wollte."

„Das ist wichtig", sagte Olli S. „Effektiv sein ist wichtig, wenn die Keulen fliegen."

„Das ist wohl so", sagte der Beamte.

„Ja, das ist so", sagte Olli S.

Etwas war schief gelaufen. Er würde sich etwas anderes ausdenken müssen. Zeit für einen Neuanfang. Trotzdem!

Nennen wir ihn Volker (1)

Volker ist Einhandsegler und schon seit vielen Jahren auf allen Meeren unterwegs. Er ist ein netter Kerl. Du kannst ihn einladen, abends in der Ankerbucht, wenn du mit deinem Sundowner im Cockpit sitzt oder gerade das Abendessen zubereitest. Er wird den Festmacher seines Dinghis über deine Reling werfen, an die Bordwand klopfen und über der Süllkante geht sein lachendes Gesicht auf. Bitte ihn an Bord, teile mit ihm deinen Sundowner und dein Abendessen, lehne dich zurück und lausche seinen Geschichten – und du verstehst nach zehn Minuten, warum er Einhandsegler ist.
Du wirst es verstehen, aber es wird dir nicht mehr nützen!
Volker wird dich auch weiterhin besuchen, jeden Abend, wenn du mit deinem Sundowner im Cockpit sitzt oder gerade das Abendessen zubereitest. Er wird den Festmacher seines Dinghis über deine Reling werfen, an die Bordwand klopfen und über der Süllkante strahlt sein lachendes Gesicht. Du wirst ihn wieder an Bord bitten, mit ihm deinen Sundowner teilen und ebenso dein Abendessen, wirst wortlos seinen Geschichten lauschen, jeden Tag, jeden Abend, so lange, bis du irgendwann heimlich, ohne Ankündigung deinen Anker lichtest und dich noch vor Sonnenuntergang mit deinem Schiff vom Horizont verschlucken lässt…

Wir sitzen im Club Nautico in Mindelo. Die Musiker auf der Bühne singen die Saudaden, diese unendlich traurigen, aber von überschäumender Hoffnung gesättigten, portugiesisch-kapverdischen Lieder. In Melodien gegossene, lebensgierige Melancholie. Es ist wunderschön. Es ist zum Heulen schön.

Die 0,25-Liter-Flasche Bier mit einem Glas kostet im Club Nautico 1,70 Euro, die Literflasche mit beliebig vielen Gläsern vier Euro. Wir haben damals, vor vielen Jahren, im Mathematikunterricht aufgepasst, das zahlt sich jetzt aus, schont nun die Bordkasse. Wir bestellen an diesem Abend viele Literflaschen mit zwei Gläsern. Das Bier heißt SuperBock.
Volker setzt sich zu uns an den Tisch und korrigiert auf drei Gläser.

Bana sitzt am Nachbartisch. Er ist in Mindelo geboren. Er ist glücklich, dass uns die Musik gefällt. Er ist glücklich, dass uns sein Land gefällt. Seit der Geschichte mit dem Amerikaner vor drei Tagen ist er immer in unserer Nähe. Er will nicht, dass wir von seinem Land einen schlechten Eindruck mitnehmen. Er will uns vor seinen Brüdern schützen, denen der Ruf ihres Landes gleich ist und für die die segelnden Besucher nur willkommene Opfer sind. Bana fühlt sich verantwortlich für uns. Er ist ein guter Schatten.

Der Amerikaner ist vor drei Tagen auf der Polizeistation erschienen, mit blutiger Nase und aufgeplatzter Oberlippe. „Straßenräuber!", hat er genuschelt und dass seine Uhr und seine Brieftasche geraubt worden seien. Und er hat verlangt, dass das Stadtviertel und auch ganz Mindelo sofort niedergebrannt werden. Er war nun mal Amerikaner. Der Täter wurde schon eine Stunde später gefasst. Es war ein junger Kapverdier. Als die Polizei ihn fand, stand er noch immer in genau dem Hauseingang, den der Amerikaner beschrieben hatte. Er sah keine Veranlassung zu fliehen. Er stand da mit seiner Freundin und war überrascht, als ihm die Polizei Handschellen anlegte. Er war überrascht, als ihn die Polizei nach einer Uhr und einer Brieftasche fragte. Er war nicht überrascht, als ihn die Polizei nach der aufgeplatzten amerikanischen Oberlippe fragte. Die hatte er getroffen, als der betrunkene Ami im Vorbeigehen sein Mädchen betatschte. Der Schlag war als Klarstellung gemeint, von den anderen Dingen wusste er

nichts. Die Uhr und die Brieftasche fand der Amerikaner kurz darauf ganz plötzlich in seiner eigenen Jackentasche wieder. Aber das Stichwort Straßenräuber hielt sich beharrlich und kreiste in einer nicht löschbaren Endlosschleife durch das Ankerfeld.
Und das tat Bana weh.

Der Club Nautico in Mindelo war früher einmal ein richtiger Yachtclub mit Duschen und Sanitärräumen für die in der Bucht Porto Grande ankernden Segler. Das war kein lukratives Geschäft und deshalb war die Stadt als Betreiber irgendwann nicht mehr daran interessiert. Die Duschräume gibt es noch immer, aber die Armaturen sind aus der Wand gerissen, die Rohrleitungen an chinesische Altmetallhändler verscherbelt. Der kommunale Club wird jetzt privat als Kneipe geführt, mit lokaler Livemusik jeden Abend ab 19.00 Uhr. Investiert wird nicht sehr viel. Wenn der Pächter den Eindruck erwecken würde, dass sich hier Geld verdienen ließe, würde sich die Stadt daran erinnern, dass sie immer noch die Eigentümerin ist. Sie würde die Gewinne selbst abschöpfen wollen oder ein Sachbearbeiter und das wäre das Ende. So läuft das auf den Kapverden.

Die Herrentoilette liegt gleich neben den ehemaligen Duschräumen. Mit etwas Glück funktioniert hier in ausgewählten Zellen die Spülung noch. An diesem Abend gibt es auch fließendes Wasser an einem der Handwaschbecken. Das ist gut. Nach einer Menge Bier aus Literflaschen mit zwei Gläsern weiß ich diesen doppelten Luxus zu schätzen. Die Tür zum Flur schwingt auf und im Toilettenspiegel sehe ich hinter mir das Mädchen. Es lächelt. Es sieht sich kurz um und weil wir beide allein sind, schlendert es auf mich zu.
„Uuupps!", sagt das Mädchen. „Da habe ich mich wohl in der Tür geirrt!"
Ich lächele zurück, weil das ein Mädchen ist, bei dem es leicht fällt zu lächeln. Und weil es angenehm ist. Und weil ihr Spruch so blöd war.
„Aber wenn ich jetzt schon mal hier bin", sagt das Mädchen, „gibt es vielleicht irgendetwas, was ich für dich tun könnte?"
Nein, da gibt es nichts an diesem Abend. Aber als ich an ihr vorbeigehe, ihr Lächeln ganz nah sehe und ihre Witterung aufnehme, als ich auf dem Weg zurück in den Gastraum bin, der von den Sehnsuchtsklängen der Saudaden gesättigt ist, als ich zu unserem Tisch gehe,

mit dem SuperBock und den zwei bis drei Gläsern, da weiß ich, dass diese Geschichte irgendwann später einmal in einsamen Wachestunden in den Weiten des Ozeans eine anregende Geschichte sein wird.

Die Wände im Club Nautico sind mit Crewshirts, internationalen Flaggen und Wimpeln von Seglern behängt, die Mindelo irgendwann einmal besucht und genossen haben. Versteckt hinter den Shirts lebt Oska. Oska ist Gecko und sorgt dafür, dass die Kakerlaken nicht die Kontrolle über den Laden übernehmen. Manchmal verraten schrille, spitze Angstschreie, vornehmlich weltfremder weiblicher Gäste, dass er sein Versteck verlassen hat. Die Aufregung ist unbegründet. Oska ist Freund und tut nur seine Pflicht. Er macht einen guten Job. Und er wird immer satt.

Es ist spät. Die ersten Gäste sind mutig, übernehmen das Mikrofon, ergänzen die Musiker. Wer die Lieder in der Seele spürt, kann sie auch mitsingen. Die Worte sind dabei nicht wesentlich, nur die Melodien, nur der Rhythmus. Jemand nimmt seine Kappe vom Kopf, drängt sich durch den Gastraum, geht von Tisch zu Tisch und sammelt für die Band. Das ist der Augenblick, in dem Volker erst einmal zur Toilette geht.
Wir lehnen uns zurück, schließen die Augen und spüren die Energie, die die Traurigkeit, Sehnsucht und kraftvolle Melancholie der Lieder verströmen. Sklaverei und Freiheitskampf, Verlorenheit und Liebe, Ferne und Nähe und über allem Zuversicht und Vertrauen in das Morgen, das sind die Zutaten für diesen kapverdischen Melodiencocktail.

Es dauert lange, bis Volker zurückkehrt. Zu lange angesichts der vollen Literflaschen SuperBock auf unserem Tisch. Das ist ungewöhnlich. Doch als er wieder da ist, blickt er nicht freundlich.
„Mein Geld ist weg!", sagt er. Er lässt sich auf seinen Stuhl fallen und trinkt aus meinem Bierglas auf Ex. „Fünfzig Euro und meine Kreditkarten – alles weg!"
Ich nehme die Flasche und schenke ihm nach. Ich fülle sein Glas und meins. Volker trinkt aus beiden.
„Verrückt! Da war ein Mädchen auf der Herrentoilette", sagt Volker. „Die hatte sich in der Tür geirrt. Und dann war ganz plötzlich meine

Brieftasche verschwunden!"
„Ganz plötzlich?", frage ich.
„Ganz plötzlich!"
„Und das Mädchen?"
„War auch weg", sagt Volker.
„Gibt es," ich bin jetzt vorsichtig, „gibt es da einen Zusammenhang?"
Ein Schleier legt sich über Volkers Blick, wie die Erinnerung an ein gutes Gefühl. Volker träumt für den Hauch eines Augenblicks. Doch die Realität ist brutal.
„Dass die Kreditkarten weg sind, das ist das Schlimmste!", sagt er.

Bana ist höflich. Ich merke es ihm an. Er möchte grinsen, tut es aber nicht. Das ist nicht leicht.
„Kreditkarten haben für sie keinen Wert", sagt er.
Ich sitze mit ihm am Nachbartisch.
„Aber mit fünfzig Euro kann sie sich einen außergewöhnlich schönen Abend in einer exquisiten Hoteldisco machen. Und wahrscheinlich ergeben sich dabei noch lukrative Folgegeschäfte."
Wir trinken Ponche, diesen *grogue* aus weißem Rum von der Insel Santo Antão.
Não há paz, não há beleza, é só tristeza... Durch den Raum schwebt Musik des Brasilianers João Gilberto. *Es gibt keinen Frieden, keine Schönheit, nur Traurigkeit...*
„Ich kann versuchen, wenigstens seine Kreditkarten von ihr zurückzubekommen", sagt Bana. „Vielleicht habe ich Glück. Es ist nicht einfach. Aber du musst es wollen."
E a melancolia que não sai de mim... Und die Melancholie, die mich nicht verläßt...
„Ohne Kreditkarten ist er zahlungsunfähig", sage ich. „Hilflos in der Fremde. Er wäre dann wirklich auf uns angewiesen."
Bana liest in seinem Ponche. Dort steht die Wahrheit.
„Und du könntest nicht mehr heimlich ohne Ankündigung den Anker lichten und dich noch vor Sonnenaufgang vom Horizont verschlucken lassen. Das wäre schäbig. Du fühlst dich verantwortlich."
„Keine Freiheit mehr", sage ich.
„Ich werde es für dich versuchen", sagt Bana.
Que coisa linda, que coisa louca... Was für eine schöne Sache, was für eine verrückte Sache...

Opti-Eltern, kauft euch endlich Stöcke

Es ist schwer, wenn man seine eigenen Träume nicht verwirklichen kann und alles auf die Kinder ablädt. Schwer für die Kinder, aber die Eltern leiden mehr.
Seht sie euch an, in ihren sündhaft teuren Offshore-Seeparkern, an die noch niemals auch nur ein einziger Tropfen Salzwasser gegischtet ist. Da stehen sie an den Regattawochenenden an den Ufern der Binnenseen. Sie sind viele hundert Kilometer gefahren. Ihre Wohnwagen und Wohnmobile haben intelligent konstruierte Halterungen für Optirümpfe und Köcher für Masten, Spriet und Segel. Die Heckpartien und Fenster sind zugepflastert mit Siegeln der Klassenvereinigung und den Logos attraktiver Regattabahnen. Sie pressen die Augen gegen die Marinegläser mit Peilkompass oder bauen ihre Teleskope auf mobile Stative. Sie haben investiert. Sie haben richtig Geld ausgegeben für Accessoires. Sie haben sich mit Placebos vollgepackt, lassen ihr Äußeres lachen und spüren doch die Verzweiflung unerfüllter Träume.
In einer Hand halten sie die wasserfesten Notizblöcke, in der anderen Hand die Kugelschreiber, mit denen man auch auf feuchtem Papier noch schreiben kann. Damit notieren sie die Segelnummern der Konkurrenten ihrer segelnden Hoffnungen, Uhrzeiten, vermeintliche

Regelverstöße und wie oft sich ihre Piloten nach dem Gegner umgeschaut haben und dadurch wieder unnötig Höhe verloren haben. Wehe, ihre Piloten schätzen die Wellenhöhe falsch ein und sitzen drei Zentimeter zu weit vorn auf der Kante! *Wie sich der Bug festbolzt! Und der andere zieht locker vorbei! Ich habe ihm gesagt, er soll Spannung auf die Spriet geben! Was muss der ausgerechnet jetzt an seinem Reißverschluss fummeln...*
Im Physikunterricht haben sie alle nicht aufgepasst. Sie wissen nicht, dass der Blick durch das Fernglas die Perspektive verzerrt, alles flächig erscheinen lässt und Distanzen nur schwer abgeschätzt werden können. Nichts stimmt mehr. Das Bild, das sie durch die Linsen sehen, ist ein anderes als dasjenige, das ihre Kinder vor Ort wahrnehmen. Höhen verschieben sich optisch. Eine Lee-vor-Luv-Situation kann nur von Bord aus eindeutig entschieden werden, nicht aus dreihundert Meter Entfernung durch ein astronomisches Teleskop. Aber die Beobachter an den Ufern malen dennoch voller Verzweiflung ihre Skizzen, formulieren ihre Proteste und bereiten die Protokolle vor, die ihre Piloten nur noch unterschreiben müssen, um den Gegner mit Hilfe des Schiedsgerichts zu disqualifizieren, wenn sie nach dem Lauf an die Stege zurückkehren. Und wenn sich bei siebzig Startern die eigene Position von dreiundsechzig auf neunundfünfzig nach einem Urteil verbessert, ist das ein Triumph. Nur nichts gefallen lassen! Und die Schiedsrichter freuen sich, wenn sie gebraucht werden und tagen dürfen, anstatt an der Clubtheke von ihrer eigenen Jugend zu träumen.
Nicht ihre Kinder sitzen an den Pinnen. Sie selbst, die Erzeuger, sind es, die durch die Wellen pflügen und leiden. Sie stehen in Markenbordschuhen an den Ufern und segeln dort ihre Regatten. Sie luven ihre Gegner aus, kämpfen sich mit intelligenten Schlägen frei, rauschen perfekt in den inneren Kreis an der Wendetonne, zwingen den Konkurrenten zum Abfallen, zum Kringeln, reichen ihn weiter durch nach hinten. Ihre Gesichter sind verzerrt, wenn sie die Gläser dann von den Augen nehmen, weil sich ihre perfekte Taktik wieder nicht mit den Aktionen ihrer Stellvertreter auf dem Wasser deckt. In ihren Pupillen glimmt ein pathologisches Feuer, maskenbildnerisch dramatisch umrahmt von den rötlichen Pressringen, die die Okulare hinterlassen haben. Sie haben keine Lust mehr weiter zuzusehen und setzen die Gläser doch wieder an die Augen.

Der befreiende Terror eskaliert nach der Regatta, wenn der Stellvertreter weinend und frierend neben dem Boot steht, das die Eltern jetzt aufslippen, lenzen, polieren, die Segel neu trimmen – wortlos, eingeschlossen in einer Aura schneidender Kälte.
„Weißt du, was das ist?" Ein kleines schwarzes Röhrchen wie eine Filmdose für Kleinbildfilme hängt an der Baumnock. Ein Zeigefinger, nur halb bekleidet mit nagelneuen Seglerhandschuhen, aus feinstem, salzwasserresistentem Luxusleder schnippt gegen das Plastik. Ein roter Fetzen Tuch fällt heraus, pendelt im Wind. „Siehst du, so einfach geht das!"
Der Stellvertreter schnieft, nickt, weiß Bescheid, wischt sich eine Träne von der kalten Wange und den Rotz von der blau gefrorenen Oberlippe, mit Seglerhandschuhen, die von rauschenden Schoten schon fast zerrieben sind.
„Hättest du die Protestflagge rechzeitig gezogen, wärst du einen vollen Platz weiter vorn gewesen. EINEN VOLLEN PLATZ!"
Der Stellvertreter nickt, nickt automatisch, steht gar nicht am Ufer, denkt an Computerspiele in warmen, unaufgeräumten Zimmern, bei denen man sich den Weg durch Dauerfeuer freiräumen kann, und hört nur die elektronische Schallkulisse des virtuellen Waffenarsenals.
„Ich jedenfalls hätte das hingekriegt. Locker! Einen vollen Platz; mindestens." Der hässliche Mund redet weiter. „Und jetzt? Die Pfeife da vorn lacht sich doch ins Fäustchen!"

Die Pfeife da vorn, hat die Fäustchen vor das Gesicht gelegt, damit niemand ihre Tränen sehen kann. Ihr Durchsetzer steht vor ihr, hoch und drohend, die Arme vor der Brust verschränkt und kann nicht begreifen, wie um alles in der Welt man auf Raumschotkurs vergessen kann das Schwert aufzuholen.
„Auf Raumschotkurs! VERGESSEN! Ich pack das nicht!"

Und dann wird es doch noch ein schöner Tag, wenn die Pokale, Urkunden und Plaketten verteilt sind, die Regattabücher abgestempelt und die Einpeitscher an der Theke des Clubhauses untereinander *ihre* Regatta analysieren und die Pfiffigkeit *ihrer* Taktik herausstellen. Für kurze Zeit stellt sich Erfüllung ein, Träume überlagern die Wirklichkeit und die Stellvertreter sind unbeobachtet. Kinder brauchen nicht zu träumen, sie leben. Sie blasen ihre Trockenanzüge auf und lassen sich im Hafenbecken wie dicke Würste treiben. Sie reden nicht vom Segeln, sie haben Spaß. Sie denken jetzt auch nicht daran, dass es in fünf Tagen ein neues Wochenende gibt.

An der Stoßstange pappt ein frischer Aufkleber, die Offshorejacke liegt von außen gut sichtbar vor der Heckscheibe, das Firmenlogo sichtbar, der Opti fest verzurrt in blauer Persenning auf dem Dach. Die Stellvertreter liegen auf den Sitzen, abgeschottet durch die Ohrhörer der MP3-Player. Die Eltern winken sich zu, der linke Arm hängt lässig aus dem geöffneten Fenster. Bis zum nächsten Mal!
Ich schwöre, in ihren DVD-Regalen zu Hause stehen meterweise Aufzeichnungen von hochrangigen Regatten. Auf einen Porno kommen zehn Bänder mit Admiralscuppern. Was ist das für ein Verhältnis? Wissen ihre Therapeuten das? Was machen sie, wenn ihre Kinder sechzehn sind und ihnen den Opti vor die Füße schmeißen? Wahrscheinlich werden sie sich Langstöcke kaufen und mit einer Jakobsmuschel am Life-Style-Rucksack, gefüllt mit veganen Lunchpaketen, durch die Wälder klappern. Gut so! Dann endlich gehören die Seen wieder denen, denen die Lebensfreude nicht ausgetrieben worden ist, die den Wind selbst in die Hand nehmen wollen.
Jetzt können die Jugendlichen wieder aus ihrer Deckung kommen. Der Spaß geht weiter.

Der große Gonzo

Der große Gonzo hat Scheine bis zur Decke! Das behauptet er, wenn man ihn danach fragt, aber er sagt es auch, wenn man ihn nicht danach fragt. Er meint seine erworbenen Lizenzen und Segelführerscheine und er sagt es immer dann, wenn er glaubt, dass es gesagt werden muss. Frage ihn nie nach Details. Nimm es einfach hin.
Der große Gonzo trägt einen breitkrempigen leichten Sonnenhut wie ihn mallorkinische Olivensammlerinnen in der Glut der sommerlichen Mittelmeerhitze tragen, wenn die Sonne im Zenit steht. Der große Gonzo trägt ihn auch bei uns im Norden, auch im Oktober oder November, auch im einstelligen Temperaturbereich, auch wenn die Sonne nicht scheint und immer wenn er segelt. Er hat den Hut mit pastellfarbenen Bändern verziert, die lang über die Krempe nach Lee hinauswehen. Man kann ihn schon von weitem erkennen, wenn er kommt, wenn er über den Deich geht und entschlossen der Steintreppe zustrebt, die zum Steg hinabführt, an dem sein Boot liegt. Die Hutkrempe wippt sanft im Takt seines federnden Schrittes, umweht vom Regenbogen der Bänder, die die Richtung des Windes verraten. Dabei ist dem großen Gonzo die Richtung des Windes eigentlich egal. Er hat gelernt unter allen Bedingungen zu segeln, sagt er. Er hat Scheine bis zur Decke.

Der Steg, an dem das Boot des großen Gonzo liegt, verläuft in Nord-Süd-Richtung. Die einzelnen Boote liegen mit dem Bug oder Heck zum Steg in Boxen. Der große Gonzo hat eine Westbox. Er liegt mit dem Heck zum Steg, also ist der Schiffsbug nach Westen ausgerichtet. Das ist gut so. Vom Westen kommt hier das schlechte Wetter und das Boot liegt so sicherer, als wenn Wellen und Schwell und Wind das Heck und das Ruder des Bootes bearbeiten.

Der See, auf dem der große Gonzo segelt, ist ein Binnensee, ein Trinkwasserreservoir für die nahe Großstadt. Motoren ist hier zum Schutz der Wasserqualität nicht erlaubt. Alle Manöver müssen unter Segel gefahren werden, auch die Hafenmanöver. Der große Gonzo hat damit keine Probleme. Bei Westwind lässt sich das Groß bequem in der Box setzen. Sobald die Festmacher gelöst sind, gibt das durchgelattete Segel sofort Vortrieb. Wenn das Heck frei ist, abfallen auf Halbwind und los geht's. Bei Ostwind wird die Fock oder die Genua gesetzt, die zieht das Boot in freies Wasser. Da, wo ausreichend Raum ist, folgt ein Aufschießer, das Groß wird gesetzt und fertig. Unproblematisch sind auch die Anleger. Der Hafen ist klein, es gibt keine Verwinklungen oder sonstigen Notwendigkeiten für komplizierte Kurswechsel. Bei Westwind am Luvpunkt zur Box die Segel bergen und vor Topp und Takel einlaufen, bei Ostwind ein schulbuchmäßiger Aufschießer direkt in den Liegeplatz. Das hat man gelernt, das hat man drauf als Segler. Klassische Manöver, die jeder beherrschen muss. Leinen liegen bereit, das Boot wird provisorisch festgemacht. Das Groß wird sauber aufgetucht, die Genua geborgen.

Nur liegt das Boot jetzt nicht so, wie es liegen soll. Es liegt mit dem Bug nach Osten und das soll es nicht. Mit dem Bug soll es dem schlechten Wetter trotzen und das kommt hier meist von Westen. Außerdem ist das nächste Ablegen bei der hier vorherrschenden Westwindlage erheblich einfacher, wenn das Groß in der Box schon gesetzt werden kann. Also muss der Bug nach Westen, das Boot muss gedreht werden.

Der große Gonzo hat dazu seine Technik und die funktioniert. Er legt das Auge einer langen Holeleine um die achterliche Steuerbordklampe. Er löst die provisorischen Festmacher, stellt sich auf den Stegausleger an der Backbordseite und schiebt das Boot zurück in das offene Wasser vor dem Steg. Bei Ostwind ist das Manöver leicht, das Boot treibt fast von allein zurück. Bei Westwind ist schon mal etwas Kraft gegen den Wind erforderlich. Ein bis zwei Schiffslängen muss das Boot zurücktreiben. Das ist abhängig vom Wind und von den Wellen. Der große Gonzo hat da seine Erfahrung. Sobald das Boot ausreichend Raum hat, holt er die Holeleine vom Steg aus kräftig durch. Das Heck schwenkt durch den Zug sofort in seine Richtung. Das Boot ist ein Kurzkieler, dreht wie auf dem Teller. Hand über Hand wird jetzt die Leine eingeholt, das Heck läuft leicht in Richtung Box. Der große Gonzo erwischt mit der Hand den Heckkorb bevor der Bug überdrehen und sich das Boot quer zum Wind stellen könnte. Alles passt. Er zieht das Boot gegen die Fender an den Stegausleger, positioniert die Festmacher, die Spring, ist fertig. Das Boot liegt nun genauso wie es soll, sicher vertäut und bereit für ein unproblematisches nächstes Auslaufen. Der große Gonzo setzt sich auf die Trittstufe seines Bugkorbs, betrachtet sein Werk, lässt sich betrachten, lässt die Regenbogenbänder an seinem Hut wehen, ist zufrieden.

Der große Gonzo beobachtet den Professor. Der Professor läuft ebenfalls ein. Er liegt zwei Boxen neben dem großen Gonzo am gleichen Steg. Er ist ehemaliger Regattasegler. Korsar, 470er, 505er – das waren seine Klassen. Er war ein Begriff in der Szene und gefürchtet auf den Regattabahnen der Region. Heute sammelt er keine Pokale mehr, segelt nur noch zum Vergnügen auf einem 22-Fuß-Kaffeedampfer. Seit er mit der laufenden Motorkettensäge in der Hand beim Apfelbaumschneiden abgestürzt ist und sich etliche Rückenwirbel auf der Schubkarre unter dem Baum verletzt hat, ist er ruhiger geworden. Er hatte den falschen Ast gekappt, das war alles. Apfelbaumschneiden war eben nicht sein Metier. Aber er ist noch immer stolz darauf, dass der Kettensäge damals nichts passiert ist. Materialbruch hat er nämlich nie gemocht, obwohl er immer spektakuläre Manöver gefahren ist. Gelitten haben allenfalls Fingerkuppen, Handinnenflächen, Schienbeine und Augenbrauen von Trapezmann und Steuermann, niemals die Boote. Und manchmal segelt er noch heute den Kaffeedampfer wie eine Regattajolle und dann grinst er trotz der Schmerzen im Lendenwirbelbereich.
Der Professor grinst jetzt, das sieht der große Gonzo und er sieht auch, dass der Professor mit gesetztem Groß und gesetzter Genua in die enge Hafeneinfahrt rauscht. Westwind, 2-3 Beaufort. Nicht viel,

aber viel zuviel, um unter Vollzeug vor dem Wind in die Box zu fahren. Der große Gonzo will aufstehen, zur Nachbarbox laufen, dem Professor helfen, sein Boot abhalten, bleibt aber dann doch sitzen, sieht nur interessiert zu. Aber er sieht so zu, dass niemand bemerkt, dass er interessiert zusieht. Da ist der breitkrempige Hut schon nützlich.

Der Professor fährt parallel zum Steg, dicht an den anderen Booten entlang, Halbwind, schäumende Bugwelle. Als seine Box querab liegt, legt er hart Ruder. Sein Boot neigt sich stark über, fast ist der Kiel zu sehen. Das Boot schießt in den Wind, die Segel killen, plötzlich entlastete Schoten schlagen. Der Professor steht locker im Cockpit, führt die Ruderpinne mit einem Fuß, drückt den Großbaum mit beiden Händen gegen den Wind, stoppt so das Boot dicht hinter den Booten der nächsten Stegreihe. Alles passt. Das Tuch der Genua weht leicht mittschiffs, das Groß ist noch gefüllt, wird backgehalten. Das Boot treibt zurück, der Bug wandert einige Grade aus, der Professor korrigiert mit dem Fuß das Ruder. Großbaum auf der Backbordseite, Ruder steuerbord, mit beiden ein wenig spielen, immer den Bug beobachten und die Tendenzen erahnen. Der Professor kennt sein Boot, kennt die Gesetze der Physik. Er grinst. Er weiß, was der Wind will und was er selbst will und kennt die Kräfte, die auf den Lateralplan wirken. Sein Boot treibt zurück, mit dem Heck zuerst in die Box. Perfekt! Er gibt den Großbaum frei, springt auf den Stegausleger. Die Achterspring liegt klar. Er legt das Auge über die Klampe, fixiert den Bug, dann das Heck mit den bereitliegenden Festmachern. Fertig. Rückwärts unter Segel eingeparkt. Hat geklappt. Hat Spaß gemacht. Dass eine Gruppe Segler auf dem Deich steht und applaudiert, hört er gar nicht. Und wenn er es hören würde, würde er es sicherlich nicht auf sich oder sein Anlegemanöver beziehen.

Der große Gonzo hört den Applaus und weiß, dass der nicht ihm gilt. Rückwärts anlegen. Warum nicht? Die Bänder an seinem Hut wehen, die Krempe wippt. Mit einem Mal ist er aufgeregt. Er freut sich auf den nächsten Tag.

An diesem Tag freut er sich nicht aufs Segeln, obwohl die Bedingungen ideal sind: Sonne, 27 Grad Lufttemperatur und der Wind schwach bis mäßig. Karibische Verhältnisse. An diesem Tag freut er sich nur auf das Anlegen. Und auch dazu sind die Bedingungen ideal.

Der Shantychor feiert sein Sommerfest, ganz groß aufgezogen mit Familienangehörigen und Gästen. Tische und Bankreihen auf dem Deich mit Blick über den Hafen. Publikum! Szenerie wie in einem Amphitheater. Der Hafen als Bühne. Der große Gonzo hätte gern noch ein blaugoldenes Band zusätzlich um seinen Hut gelegt, Referenz an die Shantymänner.

Der große Gonzo setzt die Genua und löst die Festmacher. Der Wind spannt das Tuch, drückt das Boot aus der Box. Die Fahrt aus dem Hafen ist unspektakulär. Der große Gonzo holt die Fender ein. Im offenen Wasser der Aufschießer, rauf mit dem Groß, leicht abfallen, die Schoten trimmen, das Boot springt an, optimale Krängung, kaum Ruderdruck. Der große Gonzo weicht einem Entgegenkommer aus, obwohl er nicht ausweichpflichtig ist, aber der andere fährt unter Spi und der große Gonzo ist heute großzügig. Der andere hebt die Hand, bedankt sich, stellt den Daumen auf. Ein schöner Tag. Ein Tag, der einen krönenden Abschluss verdient.

Der große Gonzo fällt ab, fährt einen langen Schlag auf Raumschotkurs, luvt dann an und kreuzt mit zwei Schlägen zurück. Jetzt wird es sein. Er legt Ruder, nimmt direkten Kurs auf den Hafen. Halbwind bringt das Boot bis an die Rumpfgeschwindigkeit. Der Steg nähert sich schnell. Ein Anflug von Unsicherheit wird verdrängt. Nur aus einem dramatischen Auftritt kann eine große Lösung wachsen. Jetzt parallel zum Steg, an den anderen Booten vorbei, die eigene leere Box ist querab, der große Gonzo legt hart Ruder. Sein Boot krängt stark, zieht die Scheuerleiste durch das Wasser, der Bug schwenkt nach Westen, neuer Kurs, richtet sich wieder auf. Der große Gonzo springt auf die Sitzduchten, stützt mit einem Fuß das Ruder, will den Großbaum gegen den Wind drücken, genauso wie gestern der Professor. Er hat sich jede Bewegung gemerkt. Aber etwas ist anders als gestern. Die Segel killen nicht im Wind und der Großbaum muss nicht backgedrückt werden, sondern schlägt von alleine mit Wucht einen Halbkreis über das Cockpit nach vorn. Auf der Backbordseite füllt sich die Genua mit Wind, die Schoten sind noch belegt. Mit raumem Wind und voller Besegelung fährt das Boot gegen den benachbarten Parallelsteg, ist nicht mehr zu bremsen, trifft durch Zufall eine verlassene Box. Irgendetwas splittert ganz fürchterlich, als sich der Bug hoch auf den Anleger schiebt. Der Großbaum schlägt zurück, streift den großen Gonzo noch an der Hutkrempe, reißt daran, prallt

gegen die straff gespannten Wanten des Nachbarliegers, ein Klang wie ein buddhistischer Totengong. Langsam, ganz langsam rutscht der Bug vom Steg zurück ins Wasser. Der Gong verklingt.
Der große Gonzo sitzt auf dem Cockpitboden, sieht seinen Hut an der Großbaumnock hängen, die Bänder wehen nach vorn aus. Ostwind, denkt der große Gonzo, wir haben Ostwind. Der Professor hatte gestern Westwind.
„Was sollte das denn sein?"
Kurti, der Bohrer, ist als erster da, Häme in der Stimme, die ist hinter der Hilfsbereitschaft ganz deutlich zu ahnen, aber er packt den Bugkorb, versucht das bockende Boot zu halten.
Ausgerechnet Kurti, der Bohrer! Kurti, der den Geberdurchbruch für seine neue Logge von innen aus in den Rumpf gebohrt hat, während das Boot im Wasser lag. Und jetzt so ein Spruch!
„Der Wind hat gedreht", meint Gonzo und hangelt nach seinem Hut. Er braucht ihn. Gerade in dieser Situation kann er sich Nacktheit nicht leisten. Überall Menschen auf dem Steg. Der komplette Shantychor in einheitlichen Hosen, Hemden und Clubkrawatten.
„Der Wind hat gedreht!", äfft Kurti, der Bohrer, nach. „Klar, heute Nacht! Das kommt vor, dass der Wind mal dreht."
Das Lachen der Shantymänner ist sehr harmonisch, professionelle Stimmlage, dazwischen eine markante Solostimme. Die Ratschläge wie ein Akapellagesang: *Erstmal die Schoten los*, *Druck aus dem Segel*, *runter mit dem Tuch*, *Fender raus* – jeder von ihnen weiß, was zu tun ist.
Der große Gonzo lässt sich Zeit, richtet zunächst einmal seinen Hut, bevor er sich um das Boot kümmert, richtet ihn sorgfältig, richtet die Bänder. Hilfe ist überflüssig. Er weiß in jeder Situation allein, was zu tun ist. Er hat Scheine bis zur Decke.

Macho

Max war kein Macho.
Ein Macho wäscht sich die Hände, bevor er auf die Toilette geht. So war Max nicht. Max trug schwarze Lederhosen, saß breitbeinig auf einem Stuhl und kratzte sich im Schritt, wann immer ihm danach war, aber er war kein Macho.
„Deine Frau muss so jung sein, dass du tot bist, ehe sie in die Wechseljahre kommt", sagte Max. Das war seine Meinung. Das war nicht seine Erfahrung, weil er ja noch lebte. Doch solche Sätze hatten seinen Ruf geprägt. Aber selbst das waren keine Beweise dafür, dass er ein Macho war. Max wollte nur leben. Leben als Max.
Max lag mit seinem Schiff in der Bahia de Cartagena, Kolumbien, auf 10° 24,742' N und 075° 32,640' W, unmittelbar vor der Einfahrt zum Club Nautico. Auf seiner Suche nach Freiheit in dieser Welt hatte Max vor Cartagena geankert, um vor dem Sprung zum Panamakanal noch einmal frisches Wasser zu bunkern. Das war vor zwei Jahren gewesen. Seitdem hatte er zwischendurch immer wieder frisches Wasser gebunkert, aber sein Anker war auf dem Grund geblieben.
Sein 90-Tage-Visum war längst abgelaufen. Er hatte es nicht verlängert. Ein kurzer Abstecher nach Panama oder Costa-Rica hätte genügt. Ein paar Wochen nur wäre er unterwegs gewesen und bei

der Rückkehr hätte ihm die Immigration einen neuen 90-Tage-Stempel in seinen Pass geschlagen. Aber fehlende Stempel interessierten hier niemanden. Max wurde nicht kontrolliert. Die Behörden sahen ihn gar nicht.

Wer den Ruf hat, ein Macho zu sein, fällt in Kolumbien nicht auf. Max fühlte sich wohl in Cartagena. Er war angepasst. Die Stadt gefiel ihm, das Leben hier gefiel ihm und die Frauen hatten Gefallen an ihm und auch das gefiel Max. Er hatte ein Schiff und lebte gut ohne Arbeit. Er war interessant für Frauen. Dass er schwarze Lederhosen trug, breitbeinig auf einem Stuhl saß und sich im Schritt kratze, wann immer ihm danach war, störte dabei nicht weiter, auch nicht, wenn er den Frauen sein Lebensprinzip erklärte. Sein Spanisch war zu schlecht, als dass er damit irritieren konnte.

Max traf die Frauen in der Altstadt bei Fidél. Jeden Abend, wenn die Altstadt für den Autoverkehr gesperrt wurde und nur noch Pferdekutschen fahren durften, baute Fidél in der Nähe der Plaza de los Coches seine Stühle und Tische auf. Fidéls Außengastronomie zwischen dem Portal des Los Dulces und dem Plaza de la Aduana war Treffpunkt, Café, Biergarten, Touristenattraktion und Kontakthof in einem.

Fidél mochte Max und Max mochte Fidél. Für Max war immer ein Tisch reserviert, selbst dann, wenn die Touristen in langen Warteschlangen auf einen freien Stuhl warteten.

Auch das machte Max interessant.

Max saß bei Fidél, trank sein Bier, seinen Wein oder seinen Kaffee, beobachtete die Kutschen, die nur mit Wachskerzen beleuchtet waren und perfekt in die historische Kulisse der Altstadt passten; beobachtete die Menschen, die Touristen, die einheimischen Frauen, die erwartungsvoll und gleichzeitig entschlossen über das Kopfsteinpflaster flanierten, jeden Abend; beobachtete die sehr jungen Frauen und Mädchen, die am Eingang zum Hard-Rock-Café um die Ecke lungerten und an ihren Zungenpiercings lutschten. Von irgendwoher, aus irgendeiner Disco in den Seitengassen, wummerten die Bässe der Champeta, dieser sinnlichen, afrokolumbianischen Musik, die in den Armenvierteln Cartagenas geboren worden war, die vor allem laut ist und voller sexueller Anspielungen. Max genoss jeden dieser Abende in der warmen mittelamerikanischen Nachtluft, dachte daran, dass sich nichts ändern sollte, dass er seine Freiheit gefunden hatte und manchmal rauchte er mit Fidél eine gute kubanische Zigarre. Und erst danach, wenn die Männer ausgeraucht hatten und sich Fidél wieder um sein Geschäft kümmern musste, fragte eine Frau Max, ob der Stuhl an seinem Tisch noch frei sei.

Das Mädchen lag auf seinem Vorschiff in der Sonne. Es war sehr jung, aber nicht mehr ganz so jung, dass Max Gefahr lief, von der Polizei verhaftet zu werden. Es war grenzwertig jung.
Schon den dritten Tag in Folge lag es morgens auf dem Vorschiff. Es war das gleiche Mädchen wie gestern, das gleiche wie vorgestern und das gleiche wie vorvorgestern. Seit zwei Abenden war Max nicht mehr bei Fidél gewesen. Max' Nachbarlieger machte sich Sorgen.
Der Nachbar tuckerte mit seinem Dinghi herüber, klopfte an die Bordwand und als Max seinen Kopf aus dem Niedergang streckte, fragte er ihn, ob alles in Ordnung sei.
„Es geht mir gut", sagte Max. Seine Stimme war fest. Er drehte den Kopf, suchte das Mädchen auf dem Vorschiff, sah ihren schlanken, gebräunten, jungen Körper in der Sonne. Das Mädchen räkelte sich, spürte, dass es beobachtet wurde, blickte auf, wirkte ein wenig einfältig und war nur schön.
„Es geht mir sehr gut", sagte Max.
Der Nachbar stieß sich ab und kuppelte den Außenborder ein.
„Wenn irgendetwas ist", sagte er, „auf VHF-Kanal 72 bin ich immer hörbereit."
„Alles bestens", sagte Max.
Am nächsten Tag lag das Mädchen wieder auf dem Vorschiff, lag da wie gestern und wie an allen anderen Tagen vorher in der Sonne, lag da, war jung und einfältig und schön.
Am Nachmittag stiegen Max und das Mädchen in das Beiboot. Max saß vorn am Bug, das Mädchen saß an der Pinne. Sie warf den Motor an, sie kuppelte ein, sie steuerte. Sie fuhren in den Club Nautico. Max band das Boot am Dinghi-Pier an und rief ein Taxi. Als sie zwei Stunden später zurückkehrten, trug Max einen Koffer des Mädchens. Er hielt ihn auf dem Schoß, schützte ihn mit seinem Körper gegen die spritzende Buggischt, während das Mädchen mit Vollgas zurück zum Schiff fuhr.
Alfonso, der Hafenmeister des Club Nautico, saß auf einem Poller und sah ihnen nach.

„Peligrosamente", murmelte er. Gefährlich...
Es hörte ihm niemand zu.

Max' Nachbar kuppelte aus, ließ sein Dinghi auslaufen, bis es sanft mit dem prallen, luftgefüllten Bugwulst gegen den Stahlrumpf stieß.
„Heute Abend bei Fidél?", fragte er.
„Estropeas la borda", sagte das Mädchen.
„Du verkratzt die Bordwand", übersetzte Max.
Der Nachbar drückte sich mit der Hand ab, dümpelte dann frei hinter dem Heck, wartete auf eine Antwort.
„Heute nicht", sagte Max. „Marías Bruder wird kommen. Er ist ein guter Taucher, sagt María. Er will helfen. Er wird das Unterwasserschiff reinigen."
Cartagena hat 1,3 Millionen Einwohner, eine Menge Industrie und die Stadtverwaltung denkt manchmal darüber nach, eine Kläranlage zu bauen. Bis es soweit ist, nimmt die Bahia ungestört auf, was die Millionenstadt ausspuckt oder sonst wie auslässt. Das Wasser ist äußerst nährstoffreich. Muscheln, Algen und Mikroorganismen leben gut von dieser Stadt. Sie kleben und haften an den Rümpfen der Ankerlieger. Man sagt, ein Schiff wachse in der Bucht vor Cartagena einen halben Zentimeter pro Tag.
„Es wird mal wieder Zeit", sagte Max. „Es ist eine üble Arbeit, aber Marías Bruder ist ein guter Arbeiter, sagt María."
Der Nachbar sah den dichten Muschelteppich unter der Wasserlinie.
„Vielleicht später bei Fidél", sagte er.
„Vielleicht", sagte Max.
„No!", sagte das Mädchen.

Am nächsten Tag spielte ein kleiner Junge auf dem Vorschiff. Er war vielleicht fünf Jahre alt und versuchte mit einem Stock seinen Schatten zu treffen. Er schlug danach. Das Deck des Stahlschiffs dröhnte unter den Hieben wie die Bässe einer Champeta. María lachte, sah ihm zu und feuerte ihn in seiner Lebensfreude an. Marías Bruder lag ausgestreckt im Cockpit. Er trug einen Kopfhörer, hörte eigene Musik und trank Bier aus Bordbeständen. Max schnorchelte neben dem Schiff im Wasser und schabte Muscheln und Algen vom Rumpf.
„Gran familia", sagte Alfonso. „Muy peligrosamente."
Zusammen mit dem Skipper der *Amygdala* sah er dem kleinen Jun-

gen zu und beide hörten das Dröhnen der Stockhiebe auf dem Stahldeck, das der Resonanzkörper des Schiffes verstärkte und bis zu ihnen in den Hafen herüberschickte.
„Ella es su tía", sagte Alfonso. „Tante! Es ist der Sohn des Bruders."
Die Frau des Bruders, die Mutter des kleinen Jungen, traf am Nachmittag ein. María holte sie am Pier ab. Max blieb währenddessen auf seinem Schiff. Er hatte keinen Platz mehr im Dinghi, weil die Frau des Bruders zu viele Koffer mitbrachte.

Die Großmutter des kleinen Jungen mochte die Dinghifahrt nicht. Sie wurde auf den wenigen hundert Metern vom Club Nautico bis zum Schiff seekrank. Aber sie hielt durch. Sie klagte nicht. Sie war nicht zimperlich. Sie hatte ein langes Leben in Kolumbien gelebt. Sie war hart im Nehmen, eine Kämpferin. Dafür begann sie sofort, auf Max' Schiff Ordnung zu schaffen. Sie wollte wissen, wie man die Segel abnehmen konnte. Sie wollte die schmutzigen Tücher erst einmal waschen.

Der Skipper der *Amygdala* hörte Max' Funkspruch auf VHF-Kanal 72 im Morgengrauen. Er startete sofort sein Dinghi.
Max stand an der Reling und wartete schon. Er trug einen Rucksack. Er warf das Gepäck in das Dinghi und sprang hinterher.
„Bring mich an Land", sagte er.
Es war wie ein Aufbruch zu einer neuen langen Reise. Vielleicht war es eine Flucht.
Max sagte: „Bitte!"
Max war kein Macho. Max wollte nur leben. Leben als Max.

Begegnung

01.53 Uhr: Ein tiefstehender Dreiviertelmond über der Skyline von Bocagrande, die Straßen sind feucht von leichtem Sprühregen. Der Segler schlendert durch Getsemani über die Carrera 10, die Hände in den Hosentaschen. Ein kühler Wind weht vom Meer herüber, kühl für die südliche Karibik, normal für Cartagena de Indias, Kolumbien, um diese Zeit. Nur noch ein paar Schritte, dann wird der Segler die Avenida Calle 25 erreicht haben. Von dort ist es nicht mehr weit bis zur Promenade entlang der Bahía de la Ánimas, bis zum Club Nautico, an dessen Stegen er sein Dinghi festgemacht hat. Es wird ihn zurück zum Schiff bringen. Gegenüber der Base Naval, dem Stützpunkt der kolumbianischen Marine, liegt sein Schiff vor Anker.

Die Straßenbeleuchtung bringt spärliches Licht, jede dritte Laterne ist ausgefallen. Der Segler geht langsam, will nicht stolpern auf den holprigen Pflasterungen, bewegt sich konzentriert wegen der Dunkelheit und wegen des in der Altstadt genossenen Rotweins, der die ansonsten harmonische Koordination seiner Beine behutsam moduliert. Es war ein schöner Abend im Centro de Cartagena, trotz des leichten Regens, trotz des kühlen Windes. Aber eigentlich ist jeder Abend im *Centro* schön.

Der Mann mit der Sturmhaube über dem Gesicht steht plötzlich vor

dem Segler, verstellt ihm breitbeinig den Weg. Seine rechte Hand umklammert einen Messergriff, zuckt im Gelenk wie der Kopf einer angreifenden Viper und schlägt eine Klinge aus dem Schaft.
„Ich will keinen Ärger", sagte der Mann mit der Sturmhaube. Er spricht in unbeholfenem Englisch, gespickt mit spanischen Wortbrocken. „Ich will nur dein Geld und ich will dein Handy."
Der Segler sieht das Paar dunkler Augen durch die Sehschlitze der Haube. In diesen Pupillen flackert ein unruhiges Licht.
„Ich will auch keinen Ärger", sagt der Segler. „Geh nach Hause!"
Der Segler spricht in unbeholfenem Spanisch mit deutschem Akzent, gespickt mit englischen Wortbrocken. Er sieht das Messer, er sieht die Klinge mit der doppelten Schneide, die scharf ist und lang genug, um innere Organe, die er in sich unversehrt mag, ernsthaft zu beschädigen. Aber er hat keine Angst vor dieser Klinge. Nicht nur deshalb, weil ihn der Rotwein gelassen stimmt, und nicht nur, weil dies ein schöner Abend war. Er weiß, Cartagena de Indias ist eine sichere Stadt. Sicher, trotz dieses Messers da. Cartagena ist die sicherste Stadt Kolumbiens, ganz anders als Bogotá oder Medellín. Vielleicht ist dies die sicherste Stadt der Welt. Und daran ändern auch breitbeinig stehende Burschen mit Sturmhauben, Springmessern und unsicher flackernden Augen nichts.

Für Sicherheit sorgen die korrupten Polizeichefs, die Drogenbosse, die Generäle der linken Guerilla und die Führer der Paramilitärs gemeinsam. Sie haben sich auf diese Stadt geeinigt. Cartagena ist ihre Stadt. Sie haben die gleichen Interessen. Sie brauchen alle einen Rückzugsort vom nationalen Krieg. Viele von ihnen sind inzwischen alt geworden und wollen einen Platz, wo sie in Ruhe ihre Wärmflaschen auflegen können. Sie wollen mit ihren Enkeln spielen und die aus jahrzehntelangen Bestechungen, aus Drogenhandel und Entführungen erbeuteten Gelder investieren.
Geld unter dem Kopfkissen ist langweilig. Deshalb wird in Cartagena viel gebaut. Bürohochhäuser und Hotels wachsen aus dem Korallengrund von Bocagrande wie Pilze im schwülwarmen Brutkasten. Abends sind die meisten Fenster der Neubauten unbeleuchtet. Die Räume stehen leer, sind unvermietet, werden gar nicht gebraucht; aber schmutziges Geld wird hier wieder anständig. Das funktioniert.
Doch das funktioniert nur gut, solange Frieden herrscht. Überfälle

auf Geschäfte und Banken in der Stadt würden die filigrane Harmonie belasten. Kleine Verbrecher sind Störenfriede. Sie sollen sich andere Bühnen für ihre Auftritte suchen. Kolumbien ist groß genug. Für Ruhe durch Respekt vor den Gesetzen sorgt in Cartagena nicht die Polizei. Das schafft sie hier nirgendwo, nicht in Kolumbien. Cartagena ist eine friedliche Enklave, weil diejenigen, die in Kolumbien wirklich die Macht haben, gemeinsam die exekutiven Hände über die Stadt halten.

Der Mann mit der Sturmhaube spürt, dass er mit seiner Verkleidung und dem Messer lächerlich wirkt. Er hat nicht aufgepasst. Das hier ist kein Tourist, den man mit einschüchterndem Auftreten beeindrucken und ausnehmen kann. Das hier ist ein Segler, einer von denen, die vor dem Club Nautico oder dem Club de Pesca vor Anker liegen. Vagabundierende Segler sind keine Touristen, die von nichts wissen. Wer sein eigenes Toilettenpapier kauft, ist kein Tourist.
„Lass uns nach Hause gehen", sagt der Segler. „Es war ein schöner Tag."
Die Klinge gleitet mit einem knappen, metallischen Schnappen zurück in den Griff. Der Mann mit der Sturmhaube taucht in den Häuserschatten der Seitengasse ein, verschwindet. Der Segler schlendert weiter, konzentriert und vorsichtig, weil er auf dem holprigen Pflaster nicht stolpern will, hat bald die Avenida Calle 25 erreicht, denkt an die schöne Altstadt Cartagenas, an den Rotwein in dem Straßencafé, an das Mädchen mit dem freundlichen Lächeln, das dort bedient, das Spaß an ihrem Job hat und an manchen Gästen. Morgen Abend wird er wieder dort sein. Er freut sich auf dieses Lächeln. Und auf alles andere.

Segelpiercing

Ich mag Segler nicht!
Sie leben in ihrer eigenen Welt. Sie schotten sich ab, sprechen nur mit sich selbst. Allenfalls sprechen sie noch mit anderen Seglern. Doch selbst dann, wenn sie mit anderen Seglern sprechen, sprechen sie nur mit sich selbst. Dann aber beide.
Mag sein, dass die Evolution aus ursprünglich normalen Menschen in endlos langen, einsamen Stunden auf See, unterstützt durch den Kampf mit drohenden Elementen und Mysterien wie Kurs über Grund und Kurs durchs Wasser, etwas Neues geschaffen hat – den Segler oder die Seglerin. Vielleicht spielt hier schnell wirkende Mutation eine entscheidende Rolle, ich weiß es nicht. Aber ich weiß, dass es auf Galapagos eine Finkenart gibt, die es sonst nirgendwo auf der Welt gibt.
Hilft uns das weiter?
Natürlich!
Abgeschottet auf diesen Inseln im Pazifik, nahe des Äquators, haben sich die Finken ganz anders entwickelt als alle anderen Finken überall auf der Welt. Charles Darwin hat uns dieses Phänomen schon Anfang des neunzehnten Jahrhunderts erklärt. Wir kennen also die Mechanismen und müssen nur noch die Theorie der Entstehung

der Arten auf die Spezies Segler übertragen und anwenden. Das ist leicht, denn die bestimmenden Bedingungen bei der Ausbildung der Galapagosfinken und die der Segler sind ähnlich.

Auch Segler leben auf kleinen Inseln. Diese Inseln messen vielleicht 18 Fuß, 30 Fuß oder 56 Fuß Länge über alles, sie haben feste Kiele oder Schwerter, Masten und Bäume und deren Pazifik ist überall. Die Segler leben hier getrennt von nicht segelnden Artgenossen, sozial isoliert wie die Finken am Äquator. Das formt.

Die Finken auf Galapagos sehen zwar aus wie Finken, aber ihr Gesang ist speziell. Kein Fink von einem anderen Teil der Welt würde sich mit ihnen paaren, ganz einfach deshalb, weil er ihr Gehabe, ihr Balzverhalten, ihre Sprache nicht verstehen könnte.

Das ist der Punkt! Genauso verhält es sich mit dem Umgang von Seglern mit anderen Menschen.

Beobachten Sie einmal – falls Sie stark genug sind und seelisch gefestigt – das Gehabe, das Balzverhalten, den Gesang, die Sprache der Segler. Ein weites Feld für Verhaltensforscher. Generationen von Doktoranden könnten hier arbeiten ohne je befriedigende Lösungen zu finden. Möglicherweise müssten sich die Anthropologen unterstützende Hilfe bei den Pathologen holen; fakultätsübergreifende Forschung also insbesondere zu den Stichworten Gehabe und Balzverhalten. Aus ästhetischen Gründen übergehe ich an dieser Stelle aber diese Punkte – es könnten auch Kinder in diesem Buch lesen – und beschränke mich stattdessen auf die Sprache.

Habe ich „Sprache" geschrieben? Der Duden leiht uns kein alternatives Wort für die menschliche Kommunikation, aber hüten wir uns vor der leichtfertigen Vermenschlichung der Segler. Laute, ja, die gibt es; bei manchen Schleusen- oder Anlegemanövern mit starkem seitlichen Wind, Schraubenwasserverwirbelungen und Ehepaaren als Crew auch schon mal außerordentlich laute Laute. Aber es wäre vermessen, überheblich und mehr als beschönigend hierfür den Begriff Sprache zu verwenden. Sprache setzt immer den Willen zur Kommunikation voraus, hat als Ziel Verständigung. Zumindest in den oben genannten Manöversituationen lässt sich davon sicherlich nicht immer ausgehen. Allenfalls werden hier eheliche Urressentiments tonalisiert. Der falsch befestigte Fender fokussiert gravierende Defizite im menschlichen Miteinander und dem verkorksten Zusammenleben. Ein einziger, ungeschickt geschlagener

Webeleinstek dient so gleichsam als Katalysator für Dominanzdemonstrationen in einer Zeit, in der das Federkleid längst blass geworden ist und das Schlagen eines Rades nur noch lächerlich wirkt.
Der Gesang der Finken auf Galapagos ist anders als der aller anderen Finken. Und die Sprache der Segler – seien wir großzügig und gestehen ihnen diesen Begriff doch zu – ist anders als die aller anderen Menschen.
Warum heißt ein in das Segeltuch geschlagener Metallring Kausch und nicht etwa Segelpiercing? Jeder wüsste doch sofort, was gemeint ist.
Warum Pinne und nicht Steuerknüppel? Möglich wäre auch Hin-und-Her-Beweger. Das wäre eine plastische und bildhafte Sprache und sofort verständlich. Das würde Kommunikation erleichtern.
Und dann gibt es da diese besonderen Zauberworte Backbord und Steuerbord. Zugestanden, jeder weiß, das hat etwas mit rechts und links zu tun. Aber was genau? Und warum, um alles in der Welt, belassen wir es nicht bei rechts und links? Die Seiteneinteilung wäre unzweifelhaft und eingeübt.
Rechts ist da, wo der Daumen links ist! Das wissen wir alle seit Kindergartenzeiten oder seit dem Wichtigtuer in der Grundschule, der sich Lehrer nannte. Aber ist backbord auch da, wo der Daumen steuerbord ist?
Backbord ist in Fahrtrichtung links, so steht es im seemännischen Handbuch. Und was ist bei Rückwärtsfahrt? Ändert sich die Seitenbezeichnung, wenn sich die Fahrtrichtung ändert? Das steht in keinem Handbuch.
Dabei hängt von einer konkreten Definition eine Menge ab. Viele Vorfahrtsregeln auf dem Wasser basieren auf diesen Schlüsselworten.
Backbordbug vor Steuerbordbug! Jeder Führerscheinaspirant kennt diesen Grundsatz. Wind von Steuerbord vor Wind von Backbord. In Ordnung. Das hört sich wichtig an, seemännisch, sturmumtost, irgendeiner murmelt auch gleich Kap Horn. Aber wenn diese Regel einmal nicht funktioniert, was dann? Wenn man nicht mehr weiß, in welche Richtung man jetzt zur Seitenbestimmung seinen Daumen halten soll oder wenn man gar keinen mehr hat, weil damals bei neun Windstärken die Genua ausgerauscht ist und man seine Finger nicht schnell genug aus dem Bereich der Winsch ziehen konnte?

Und schon sind die Klugscheißer auf dem Plan und röhren: Lee vor Luv!
Das ist ein weiterer Zauberspruch. Lee ist da, wo keiner sitzen will, weil es da stinkt! Der Brüller in Seglerkreisen! Aber gehen Sie einmal unter Deck einer Charteryacht, wenn die nach einem 14-tägigen Herrentörn bei miesem Wetter wieder einläuft. Ich setze jetzt voraus, dass Sie dazu ausreichenden masochistischen Mut aufbringen und sich dann in der Kajüte trotz des benebelnden Sauerstoffmangels noch an diese Regel erinnern können. Lee vor Luv und Lee ist da, wo es stinkt! Sie werden feststellen: Lee muss hier überall sein! Und wie! Soviel Lee werden Sie gar nicht aushalten können, wenn sie zur falschen Finkensorte gehören und beruflich nicht mit schwerem Atemschutzgerät vertraut sind.
Doch was folgt daraus? Lee vor Luv ist eine Ausweichregel und – logisch – wenn überall Lee ist, hat jeder Wegerecht! So einfach ist das. Und genauso wird das dann auch auf der Kieler Förde an einem herrlichen Segeltag im Frühjahr nach langer Winterpause gehandhabt, kurz bevor die Entzugserscheinungen kaum noch auszuhalten sind. Jeder hat Vorfahrt! Und wenn dann alle Seglerfinken aus ihren Winterlöchern geflattert sind, in die Frühlingssonne blinzeln und die weißen dreieckigen Tücher überall um sich herum entdecken, ganz gleich ob an Steuerbord oder Backbord, in Lee oder Luv, gibt es nur noch einen einzigen Laut, der dann ihre Kehlen verlässt, heiser und rau und der nur von dieser speziellen Finkenart zu verstehen ist: RAAAUUUMMM!

Nennen wir ihn Volker (2)

Volker spürte, dass er etwas spürte, als er Moni vom Tegernsee das erste Mal sah, und das, obwohl er Einhandsegler war und das auch noch freiwillig.
Volker sah Moni nach seiner Überfahrt von Rangiroa nach Tahiti. Sie war das zweite, was er von Papeete sah. Zuerst sah er den imponierenden 50-Fuß-Katamaran, dann sah er sie. Sie saß auf der Heckstufe des Backbordrumpfes und plätscherte mit ihren Füßen im Lagunenwasser. Das Weiß ihres Sommerkleides war blendender als das Gelcoat des hochglanzpolierten Kats. Der Saum war locker über die Knie nach oben geschoben, der linke Träger von der Schulter gerutscht. Nichts war gestellt, alles war zufällig. Ein Kunstwerk, das keine Betrachter erwartete.
Volker sah sie, aber sie sah Volker nicht. Sie hielt die Augen geschlossen. Ihr Gesicht war der Tahitsonne zugewandt, deren photometrisches Strahlungsäquivalent auf das Lumen genau die passende Ausleuchtung schenkte. Hinter ihrem linken Ohr steckte eine weiße Tiareblüte im Haar.
Der Katamaran hieß *Kreuz des Südens*. Monis Namen kannte Volker in diesem Augenblick noch nicht, aber er war fest entschlossen ihn herauszufinden.

Moni, mit der Blüte hinter dem Ohr, beeindruckte Volker mehr als der pompöse Katamaran, obwohl er Segler war. Vielleicht war das so, weil er Einhandsegler war und eine ungemütliche, kalte, windige, regnerische 206-Seemeilen-Überfahrt hinter ihm lag. Auch Einhandsegler brauchen Wärme, ansonsten verlieren selbst beeindruckende Segelboote etwas von ihrer Faszination.
Volker war *young, free and sailor*. So stand es eingraviert über seinem Navitisch. Der Satz war sein Mantra. Das Mantra war alles, was er hatte, wenn er Tag und Nacht allein über die Ozeane segelte. Es war Ausdruck von Hoffnung auf etwas Unklares, Unbestimmtes und eine Idee vom Leben, mehr nicht. Das war nicht viel. Jetzt hatte er Moni mit der weißen Blüte gesehen, von der er noch nicht wusste, dass sie Moni hieß. Aber sein Mantra allein erschien ihm mit einem Mal reichlich kraftlos. Nur als Programm ergab die Losung Sinn, nur als klare Handlungsanweisung.
Papeete, Stadt der Liebe, nicht statt der Liebe. So soll es sein!
Volker passierte die *Kreuz des Südens*, fuhr noch eine Kabellänge parallel zum Boulevard Pomare, wendete und entschied sich für einen Ankerplatz dicht am Rande des Fahrwassers. Er kuppelte aus, lief zum Bug, löste den Sicherungsbolzen und ließ die Ankerkette aus dem Kasten laufen. Sein Schiff lag jetzt in Rufnähe zur *Kreuz des Südens*. Ein erster Schritt, mehr nicht. Noch war ihm Rufnähe viel zu weit.

Flugzeuge haben Vorfahrt, sie haben Wegerecht vor den Schiffen. Die Verlängerung der Landebahn des International Airport Tahiti Faaʻa kreuzt die Zufahrt vom Passe De Papeete durch das Außenriff zum Papeete Harbour. Über VHF-Kanal 12 bitten wir Port Control um Instruktionen. Wir müssen warten. Ein Flieger der Air Tahiti Nui löst sich gerade von der Startbahn, donnert dicht über der Wasseroberfläche nach Nordosten. Seine Wirbelschleppe malt eine dunkle Kräuselspur über das Wasser. Nur zögerlich gewinnt die Maschine an Höhe. Danach sind wir dran. Der Weg ist für uns frei. Wir sind da.
Tahiti! Dieses Wort hat einen magischen Klang, ist Inbegriff der Südsee, der Ursprung des Südseemythos. Sinnlichkeit und Blütendüfte, schwarze Perlen, mit unverwechselbar tief aus dem Inneren strahlendem Glanz und die Bilder von Gauguin. Wir denken an die junge

Téha'amana, die dem Maler Freundin und Modell war, an Pau'ura a Tai, mit der er danach zusammenlebte, an die Farben, mit denen er die Mädchen auf die Leinwand brachte und Sehnsüchte und Träume weckte. Und wir denken an die Hochglanzbilder der Reiseprospekte der Tourismusbranche, die heute bestimmen, wie das Paradies auszusehen hat. Wir finden das Paradies am Quai des Yachts, Süd, denn hier gibt es Wasser und Stromanschluss und öffentliche Duschen. Weltumsegler haben eine sehr spezielle Vorstellung vom *jardin d'Eden*, wenn das Schiff und die Haut nach tausenden von Seemeilen salzverkrustet ist.

Dreimal schwarz-rot-gold vor Papeete. Hier liegt die *Kreuz des Südens*, die *Yellowship*, die *Amygdala*. Das sind drei überzeugende Gründe für eine Party. Diesmal ist es keine Frage, wo die Feier steigt, das wird pragmatisch entschieden. Die *Kreuz des Südens* bietet den meisten Platz. Das ist das Los der Katamaransegler. Kat schlägt Monohull klar nach Punkten, wenn es ums Feiern geht.
Aber Gerd ist auch gern Gastgeber, das steht außer Frage. Er segelt, um nach einem Törn einladen zu können und vielleicht hat er deswegen einen Katamaran. Im Hafen flattert seine außeramtliche Bordflagge unter der Backbordsaling, sobald der Anker liegt: die bayerische, blau-weiße Rautenflagge mit einem stilisierten Maßkrug und einer Brezel als Staatswappen. Sie ist Zeichen dafür, dass Gerd zum Empfang bereit ist, dass er sich ab jetzt über jeden Besucher freut.
An diesem Abend gibt es tahitianisch-bayerischen Steckerlfisch für alle. Das ist Mahi Mahi – oder auch Goldmakrele genannt – nach Steckerlfischart. Gerd hat den Mahi Mahi unterwegs eigenhändig aus den blauen Tiefen der Südsee gezogen. Am Heckkorb glüht Holzkohle in der angeschraubten Grillschale, darüber steht die Steckerl-Pyramide mit aufgespießten Fischstücken.
„Es gibt leider keine Renken in der Südsee", sagt Gerd. „Das ist ein schöpferischer Fehler der Natur. Da muss die Goldmakrele aushelfen. Entscheidend ist, sie wurde südlich der Donau gefangen – und möglichst nicht in Franken... Und das ist hier ja wohl der Fall."
Insgesamt sendet Gerd drei kräftige Locksignale aus, obwohl schon jedes einzelne für eine Einladung voll ausreichen würde. Er setzt seine blau-weiße Rautenflagge, er ruft über UKW-Funk auf bayerisch in den Äther, dass das Bier kalt liege und er verdrängt mit würzigem

Rauch nach Steckerlfisch den Blütenduft, den der Abendwind aus dem nahen Parque Bougainville über das Hafengelände von Papeete wehen wollte. Aber da ist Volker schon längst an Bord und sitzt allein mit Moni vorn auf dem Bugnetz, das zwischen den beiden Rümpfen der *Kreuz des Südens* straff gespannt ist und er erzählt ihr mit leuchtenden Augen von sich, seinen Talenten, seinem aufregenden Leben als Einhandsegler und seinen Plänen für die Zukunft.

Den Katamaran hat der Bäcker Gerd vor drei Jahren gegen zwei seiner bayerischen Filialen eingetauscht. Der Verkauf der drei anderen Geschäfte seiner Kette würde ihm einen komfortablen Lebensrest ermöglichen, ganz gleich, wie lange dieser Rest sich auch noch hinziehen mochte. Es würde auch für Moni reichen und auch für ihren Rest.
Moni war die ehemalige Leiterin der Tegernseer Filiale.
„Und was kommt dann?", hatte sie gefragt, als Gerd sie über den bevorstehenden Verkauf informierte.
„Südsee", hatte Gerd nur gesagt. „In einem Land, in dem die Bäume an sieben Monaten im Jahr keine Blätter tragen, kann man nicht in Würde alt werden."
„Gute Idee", hatte Moni gesagt. Einen Monat später stand sie mit ihrer gelben Reisetasche mit dem aufgedruckten Smiley am Kai neben der neuen *Kreuz des Südens* und bat darum, an Bord kommen zu dürfen.
„Gute Idee", hatte Gerd gesagt.
Sie lebten jetzt 17.000 Seemeilen zusammen.
Sie hatten beide ihre eigene Vergangenheit. Gerds Vergangenheit dauerte bisher 58 Jahre, Monis 36. Das muss kein Missverhältnis sein. Manche Jahre zählen in einem Leben doppelt. Aber das, was hinter ihnen lag, interessierte sie ohnehin nicht mehr. Ihre Gemeinsamkeit war die Gegenwart; eine Gegenwart auf einem 50-Fuß-Katamaran zwischen den Inseln der Südsee, auf denen immergrüne Bäume und blühende Büsche wuchsen, zwölf Monate im Jahr.

„Ein amphidromes Gebiet", sagte Volker. „Papeete liegt astronomisch und physikalisch in einem amphidromen Gebiet."
Moni hörte zu, strich sich eine Haarsträhne aus der Stirn und verschob dabei die Tiareblüte. Das wirkte neckisch, war aber Zufall. Volker half, steckte die Blüte wieder fest und ordnete gleich die verantwortliche

Haarsträhne neu. Das war kein Zufall, das war Absicht.
„Das heißt, die Tide wird nicht, wie sonst üblich, durch den Mond und seinen Umlauf um die Erde bestimmt", sagte Volker, „sondern allein durch die Sonne. Zwanzig Zentimeter Tidenhub, das ist alles. Mittags ist Hochwasser und Mitternacht ist Hochwasser. An jedem Tag des Jahres. Mittags und Mitternacht, immer das gleiche, unveränderlich."
„Das vereinfacht die Navigation", sagte Moni.
„Ja, aber das ist auch langweilig", sagte Volker. „Keine Springzeit, keine Nippzeit. Jeder Tag ist gleich, jede Nacht ist gleich. Es gibt keine Überraschungen mehr, keine Höhepunkte."
Moni lächelte.
„Du willst mir gar nicht die Navigation erklären", sagte sie.
„Eine ganz spezielle Navigation", sagte Volker. „Eine spezielle Orientierung."

Über der *Kreuz des Südens* stand das Kreuz des Südens, eingebettet in die funkelnden Diamantsplitter des nächtlichen Südseehimmels.
„So etwas ähnliches habe ich früher nur in den Bergen der Alpen erlebt", sagte Gerd. „in dieser Intensität und Klarheit und mit dieser Vielfalt an Sternen; aber nur dann, wenn ich sehr, sehr viel Glück hatte. Ich musste höher als 2.000 Meter sein, irgendwo in einer Berghütte, auf einer meiner Wanderungen."
Die letzten Glutreste des Holzkohlegrills wurden weiß und wehten in das Schwarz der nächtlichen Lagune davon. Jetzt kehrte auch mit dem warmen Wind der blumig weiche Duft tropischer Blüten zurück.
„Hier habe ich das jede Nacht", sagte Gerd. „Das ist wie ein Geschenk, das sich immer wiederholt, immer wieder willkommen ist und jede Nacht ist es von neuem wunderschön."
Ich saß mit Gerd auf der Heckterasse seines Katamarans. Wir tranken tahitianisches Bier, für dessen Reinheit laut Etikett ein Braumeister mit bayerischem Namen garantierte und blickten in den südlichen Himmel.
„Es gibt nichts mehr, was mir fehlt", sagte Gerd. „So sollte ein Leben ausklingen."
Wir waren allein auf der *Kreuz des Südens*. Volker war mit Moni nach dem Essen in die Stadt gegangen, auf der Suche nach einer original tahitianischen Disco. Es war Volkers Idee gewesen.

„Ich möchte tahitianisches Lokalcolorit erkunden", hatte Volker gesagt. „Das moderne Tahiti. Wer geht mit?"
Moni ging mit. Die beiden gingen allein.
„Ich bin 58 Jahre alt", sagte Gerd etwas später und träumte in den Südseehimmel. „Ich habe die volle Energie inzwischen in mir selbst und brauche dazu keine Bässe mehr, keinen hämmernden Rhythmus in die Magengrube und keine wirbelnden Flashlights von außen. Es ist ein gutes Gefühl, diese Sicherheit zu besitzen. Wer diese innere Stärke noch nicht hat, kann mich nicht verstehen. Ich bin unverwundbar."
Am nächsten Tag packte Moni ihre gelbe Reisetasche mit dem aufgedruckten Smiley und zog auf die *Yelloship* zu Volker um.
Der Geruch nach Steckerlfisch blieb an diesem Abend aus, ebenso der bayerische Lockruf über UKW. Es wehte auch keine blau-weiße Rautenflagge am Quai des Boulevard Pomare. Die *Kreuz des Südens* hatte Tahiti mit unbekanntem Ziel verlassen.

„Die Dinge ändern sich", rief Volker. „Panta rhei!" Er winkte uns zu. Er war überschwänglich. Er lachte und das tat er nicht oft. Er stand im Bugkorb und hob den Anker.
Moni trug noch immer die weiße Tiareblüte hinter dem Ohr. Sie stand am Ruder der *Yellowship*. Sie bediente den Motor und unterstützte das Ablegemanöver.
Die *Yellowship* verließ Papeete, kreuzte die Verlängerung der Landebahn des Tahiti Faaʻa Airport, durchfuhr den Pass am Außenriff, umrundete die Hauptinsel Tahiti Nui, nahm Kurs auf Tahiti Iti.
Nach zwei Tagen erreichte sie Tautira. Die *Yellowship* ankerte in der Mouillage de Cook vor dem schwarzen Sandstrand der Stadt, genau dort, wo vor ihnen James Cook auf einer seiner Expeditionen schon geankert hatte oder etwas später Louis Stevenson, um neue Inspirationen in sich einfließen zu lassen.
Einheimische brachten mit kleinen Booten Früchte und Fische und Blumen; so wie ihre Vorfahren den Seefahrern schon Früchte und Fische und Blumen gebracht hatten; Seefahrern, die auf der Suche nach einer geheimnisvollen, aufregenden, neuen Welt waren.
Die *Yellowship* ankerte in einer der schönsten Buchten Tahitis. Die Bucht war malerisch schön. Die Bucht war kitschig schön. Die Bucht war, wie eine Bucht der Südsee sein sollte. Eine Bucht der Südsee

sollte sein wie ein kitschiges Paradies. Die *Yellowship* ankerte im Paradies.

Die *Yellowship* blieb in der Mouillage de Cook nur eine Nacht, dann verließ sie die Bucht. Am übernächsten Tag war sie wieder zurück in Papeete, lief in den Hafen ein und legte am Quai des Yachts an. Volker fuhr das Manöver allein.

Ich sah ihm zu und fragte nichts.

„Du brauchst gar nichts zu fragen", sagte Volker.

„In Ordnung", sagte ich und half ihm, das Schiff festzumachen.

Moni erschien im Niedergang. Sie hatte ihre gelbe Reisetasche mit dem aufgedruckten Smiley in der Hand. Sie trug keine Tiareblüte hinter dem Ohr.

Moni kletterte über die Reling, ging über den Steg an Land; ohne ein Wort, ohne ein Lächeln, ohne sich umzudrehen.

„Sie wird zurückfliegen", sagte Volker. „Zurück zum Tegernsee."

Er sah ihr nicht nach.

Volker kontrollierte die Festmacher, kontrollierte die Fender, korrigierte die Knoten, beschäftigte sich an Bord, bis Moni ein Taxi am Quai d'Honneur gefunden hatte.

„Sie hat keine Erfahrung", sagte Volker. „Sie hat gesagt, sie kennt sich aus, versteht etwas vom Segeln. Sie hat gelogen. Sie sollte ein Tau auf einer Klampe belegen, aber sie wusste nicht, was ein Kopfschlag ist."

„Du hättest es ihr zeigen können", sagte ich.

„Es gibt nur EINE richtige Art, wie ein Tau auf einer Klampe zu belegen ist", sagte Volker. „Das muss man wissen."

Das Taxi fuhr los. Moni sah nur nach vorn, sah nicht zum Hafen zurück.

„Es ist besser so", sagte Volker. „Besser für alle."

Er sagte nicht, wen er damit meinte. Er nannte keine Namen.

„Ich werde die Bettwäsche wechseln müssen", sagte Volker. „Sie hat eine Blüte auf dem Kopfkissen zerdrückt…"

Volker war Einhandsegler trotz der Verlockungen der Südsee.

Das war nicht zu ändern.

Thekenmonolog

Weißt du, als ich erfuhr, dass er einen Unfall gehabt hat – das war, als wir in dieser Hafenkneipe waren, saufen, beim Feiern – da habe ich geschrien und geweint. Ich habe mit der Faust auf den Tisch geschlagen und geweint wie ein Kind. Als der Wirt mit dem Korn kam, habe ich die Gläser auf den Boden geworfen. Ich habe ihn angebrüllt, wie er jetzt so was machen könne! Ich habe ihn angeschrien. Ich habe geschrien: Du Schwein, du Sau hast kein Herz! Das da, jetzt wo er tot ist! Das habe ich getan.
Ich bin dann rausgelaufen und habe mich auf einen Poller gesetzt. Ich habe mit der Hand auf die Erde geschlagen. Ich habe geschrien, habe gebrüllt: Er ist tot, er hat einen Unfall gehabt! Wie ein kleines Kind. Ich habe geweint, geweint wie ein kleines Kind.
Ich bin allein nach Hause gegangen. Ich habe mich ans Klavier gesetzt und habe gespielt, nur so Akkorde. Ich habe geschrien und dabei auf dem Klavier herumgeschlagen. Es war das Beste, was ich je gespielt habe und in meinem Kopf war nur dieser eine Satz: Er hat einen Unfall gehabt, er ist tot! Ich wusste nicht mehr, ob es regnet oder ob der Mond scheint.
Ich musste an die Zeit denken, in der wir in Paris waren. Wir hatten uns mit gelegtem Mast bis fast ins Zentrum vorgearbeitet. Wir lagen

in einem kleinen Seitenarm am Kai einer Industriebrache. Wir hatten die Gitarre mitgenommen, auf den Straßen Musik gemacht. Und die Clochards hatten dazu getanzt.

Wir haben so getan, als ob wir kein Geld hätten. „Einen Euro, bitte!", haben wir gebettelt und ein Clochard gab uns zehn. Er hatte selbst nur zwanzig, ich habe es gesehen. Und er gab uns zehn. Er schlief nachts unter den Brücken, wo die Hunde hinscheißen, und gab uns zehn Euro. Er tanzte nach unserer Musik und gab uns zehn Euro, weil wir sagten, wir hätten kein Geld und wir hatten eine pralle Bordkasse und eine fast neue 12-Meter-Yacht.

Damals hatte er vom Tod gesprochen, das fiel mir jetzt wieder ein. Vom Tod auf See hatte er gesprochen. Er hatte uns angesehen, als ob er lachen wollte und hatte vom Tod im heulenden Sturm, in tosenden Wogen und unter brechenden Masten gesprochen. Wir haben auch gelacht. Damals haben wir gelacht, jetzt war er tot. Er hatte einen Unfall gehabt und war tot, einfach so und alles war vorbei.

Ich habe in dieser Nacht besser gespielt als jemals zuvor. Ich habe die Akkorde geschlagen, ich habe an den Saiten gerissen – ohne Plan, ohne Wissenschaft. Ich habe geschrien dabei und die Tränen sind mir über das Gesicht gelaufen. Ich habe mich benommen wie ein kleines Kind und alles war für ihn. Er sollte es hören, ihm sollte es gefallen und er sollte tanzen.

Ich habe auch an die anderen denken müssen. Ich konnte sie mir vorstellen, ganz genau. Die saßen noch immer in dieser Hafenkneipe und soffen. Wahrscheinlich sprachen sie auch davon, dass er einen Unfall gehabt hatte und jetzt tot war und dann knobelten sie darum, wer die nächste Runde bezahlen sollte und ich spielte Akkorde und weinte und schrie – während er starb.

Paradies

Das Paradies hat eine Position: 09° 35.508´ N / 078° 40,210´ W.
Und das Paradies hat einen Namen: Barbecue-Island!
Du findest das Paradies, wenn du auf Nord-Nord-West-Kurs zunächst Ogoppiriadup an Backbord liegen lässt. Aber Ogoppiriadup sagen nur die Angeber. Wer hier lebt und sich auskennt, sagt: Die Franzoseninsel. Die Insel heißt so, weil hier am Oststrand der ertrunkene Einhand-Skipper der französischen Yacht angeschwemmt wurde, der nach einer paradiesischen Party auf BBQ-Island zu betrunken war, um auf sein Schiff zurück zu finden und bei der Suche aus seinem Dinghi kippte.
Die Nachricht verbreitete sich schnell. Am nächsten Tag schon wollte jemand das Schiff des Toten plündern. Der Unbekannte knackte das Steckschott und durchsuchte die Schapps und Schränke und die Stauräume der Bilge. Er fand kistenweise giftgelben Pastis. Er öffnete eine der Flaschen, probierte einen Schluck und suchte sicherheitshalber den Beipackzettel für diese ihm unbekannte Medizin. Pastis ist speziell. Um den zu lieben, muss man Mitglied einer Grande Nation sein, die so etwas aushält.
Der Dieb hielt das nicht aus. Er zerschlug alle Flaschen, weil er wütend über die merkwürdige Beute war, hebelte die Seeventile auf,

zerschnitt die Schläuche und versenkte das Schiff in vier Metern Wassertiefe vor Ogoppiriadup. Er beobachtete aus der Entfernung, wie Flora und Fauna auf das Verklappen der mysteriösen Chemikalie in das Meerwasser reagierten. Das interessierte ihn. Er war Einbrecher und Leichenfledderer und ein kleiner Forscher. Er war in allen drei Gewerken wenig erfolgreich, aber dafür gab der geplünderte Franzose noch im Tode einer Insel einen Namen.

*

Über die Mastspitze der versunkenen Franzosenyacht peilst du den Telefon-Mountain. Du kannst auch Kalugirdup dazu sagen, dann benutzt du das Wort, das sich die Kuna-Indianer einmal für diese Insel ausgedacht haben. Das ist schon lange her und Kalugirdup ist ein altes Wort. Es stammt noch aus einer Zeit, in der es keine Mobiltelefone gab und niemand wusste, dass man nur vom höchsten Punkt auf Kalugirdup aus Netzkontakt zu einem panamaischen Mobilfunkbetreiber finden kann. Niemand sagt heute noch Kalugirdup. Auch die Indianer nicht mehr. Kalugirdup ist der Telefon-Mountain.
Am Wegepunkt 09° 35,2′ N / 078° 40,9′ W gehst du auf Nord-Ost-Kurs. Jetzt siehst du BBQ-Island direkt vor dir und näherst dich dem Swimmingpool-Anchorage. Kristallklares, türkis leuchtendes, 28 Grad warmes Wasser über weißem Korallensand mit zwei bis vier Metern Tiefe unter dir. Du siehst Seesterne in kräftigem Rot, in Blau. Sie messen bis zu vierzig Zentimetern im Durchmesser. Darüber schweben Rochen und Barrakudas und wenn du einen Fisch gefangen hast und die Innereien über Bord wirfst, umkreisen freundliche Haie dein Boot. Alles ist so, wie du es dir erträumt hast.
Du lässt deinen Anker fallen, siehst, wie er sich im Sand eingräbt. Die Kette liegt locker auf dem Grund. Du bist angekommen. Ab jetzt bist du ganz entkrampft, entspannt wie die Ankerkette. Das kannst du auch sein, denn du bist im Paradies. Alles ist in Ordnung.
Durch die fiedrigen Palmwipfel auf BBQ-Island sucht ein feiner Rauchfaden seinen Weg in den tiefblauen Himmel. Am weißen Sandstrand brennt ein Feuer. In der Luft liegt der Duft von Frangipani-Blüten, von Salz und von glimmender Holzkohle. Glückliche Adams und Evas sammeln Treibholz und trockene Kokosnussschalen und nähren die Flammen. Du weißt Bescheid. Hier steigt jeden Tag ein Grill-

fest. Das ist so! Im Paradies wird gegrillt, jeden Tag. Jeden Abend zum Sonnenuntergang rauchen die Feuer, starten die Feten.
Fisch gibt es genug. Immer wieder finden neue Segler mit frisch gefangenen Bonitos und Barrakudas den Weg in diesen wachen Traum. Mit ihren Schleppangeln haben sie unterwegs den Fisch aus dem Meer gezogen, viel zu viel für eine kleine Seglercrew. Jetzt nährt der Überfluss der Einzelnen die ganze glückliche Menschengemeinschaft, die mit ihren kleinen Booten vor dieser Insel ankert, so wie es im Paradies sein muss.
Indianer von den Nachbarinseln besuchen die Segler. Sie paddeln in ihren Einbäumen, die sie Ulus nennen, durch das Ankerfeld, bringen Früchte und *tulup* – das ist frischer Lobster – vom Außenriff. Das Paradies ist großzügig. Es beschenkt alle ohne Gegenleistung, aber die Indianer nehmen dennoch gern. Du kannst sie mit Diesel, Sonnenbrillen oder Dosenbier glücklich machen. Alles passt zusammen. Das Paradies hat die Früchte, die Indianer das Paradies und die Segler die Dollars.
Es gibt keine Not.
Es ist wunderschön im Paradies.
Und niemand denkt an die Schlange.

*

Akelino kannte sich aus. Er wusste, wann es die richtige Zeit war und wo er am Außenriff warten musste. Seine Familie wusste, dass er sich auskannte. Wenn Akelino irgendwann wortlos in sein Ulu stieg, die Wohninsel verließ und zum Riff hinauspaddelte, war es die richtige Zeit. Das war wie ein Gesetz. Sie würden nicht lange warten müssen. Akelino verstand die Sprache der Natur und die des Meeres. Es würde sehr bald ein Festessen geben.
Wenn es Zeit war, schwammen die Meeresschildkröten, die *yauk*, immer an der Innenkante des Außenriffs entlang, dicht unter der Oberfläche. Sie warteten auf die Krebse und Quallen und abgerissenen Tangstücke, die die Brandung vom offenen Meer über das Flachwasser der Korallen spülte.
Die Schildkröten warteten am Riff auf Beute, Akelino lauerte auf die Schildkröten.
Zur richtigen Zeit fanden die *tortugas* so viel Nahrung, dass sie schon

nach kurzer Zeit satt und träge und unvorsichtig mit geschlossenen Lidern in der milden, warmen Strömung trieben. Wenn sie merkten, dass Akelino mit einem langen Kopfsprung aus seinem Ulu auf sie zuflog, war es zu spät zum Abtauchen. Akelino packte sie am Panzer und drehte sie auf den Rücken.

„Tortuga de Mar! – Yauk!", rief er, warf die Beute in sein Ulu und kletterte über den Bug zurück an Bord.

Akelino war glücklich. Nicht einmal dreißig Minuten hatte er heute gebraucht. Das konnte nicht jeder, selbst die anderen Jungs aus dem Dorf nicht. Er war zur richtigen Zeit am richtigen Ort gewesen und die Schildkröte auch. Das große Gesetz der Natur hatte sie beide zusammengeführt. Akelino war überschwänglich. Er musste seine Freude teilen, jetzt sofort; und die Mannschaft im Cockpit des ankernden Segelbootes war genau das richtige Publikum.

Akelino stand in seinem Einbaum, hielt die Schildkröte hoch über seinen Kopf, präsentierte seinen Fang und lachte und tanzte soweit es die Stabilität des Kanus zuließ.

„Tortuga de Mar! Tortuga de Mar!", rief er.

Er war so stolz.

Am Heck des Seglers hing die amerikanische Flagge. Also war es ein *Merki*. Davon kreuzten viele um die Inseln. *Améica* ist ein großes Land. Am Bug stand *Sea Desire*. Akelino überlegte, was *tortuga* wohl auf Amerikanisch hieß und wunderte sich, dass ihn die Fremden nur anstarrten und nicht zurückwinkten wie sonst, wenn er Früchte brachte oder Fisch, seine Begeisterung nicht teilten. Sie wirkten traurig. Das war nicht gut. Die Freude über einen Jagderfolg wird sehr schnell schal, wenn niemand da ist, der sagt: Tolle Beute!

Akelino setzte die Schildkröte ab, zurück auf den Boden seines Kanus. Sie schlug mit den Flossen. Er legte sie auf den Rücken, dann war sie ruhig. Er nahm sein Paddel und drehte das Ulu weg von der *Sea Desire*, weg von dem Trauerschiff. *Tristeza de Mar* sollte es besser heißen. Das würde eher zu diesen *Merki* passen. Seine Familie dagegen würde sich freuen. Das war klar. Das war etwas anderes. Sie würden wissen, dass heute ein Freudentag ist.

Akelino legte die Fingerspitzen der flachen, rechten Hand seitlich an die Stirn und verabschiedete sich militärisch. Das kannte er aus dem Satellitenfernsehen. Das mochten Amerikaner. Großer Zauber. *Medicina contra la depresión americana.*

Der *Americano triste* stand auf und trat an die Reling.
„He!" rief er Akelino zu. „Wieviel?"

Akelino hockte im Cockpit der *Sea Desire*. Zwei Frauen saßen ihm gegenüber und sahen zu, wie er von dem Dosenbier aus Panama trank, das sie ihm gegeben hatten. Das Bier war eiskalt und außen am Blech der Dose wuchsen glitzernde Wasserperlen.
Die Frauen waren jung, trugen schmale Bikinis, hatten lange dunkelblonde Haare und sahen aus wie Frauen in amerikanischen Filmen oder in der Werbung für Intimkosmetik aussehen. Sie waren echt. Aber sie waren nicht freundlich wie in den Filmen, nicht ausgelassen, nicht albern, nicht lebensfroh, nicht vielversprechend. Sie waren traurig. Sie sahen ihm traurig zu, wie er trank ohne selbst zu trinken und sie gaben ihm traurig eine neue Dose, als er die erste geleert hatte.
Zuerst hatte er sich unwohl gefühlt. Inzwischen störte es ihn nicht mehr, dass sie ihm traurig immer neues Bier brachten. Bier ist Bier! Bier ist nicht traurig. Er nahm es, riss die Verschlusslasche auf, trank, wischte die kondensierten Perlen von der Außenhaut und beobachtete die Schildköte, die vor ihm auf dem Cockpitboden lag und mechanisch mit den Vorderflossen winkte. Eine der Frauen hatte sie mit einem nassen Handtuch abgedeckt, so sorgsam wie man einen Säugling bettet. Vielleicht war das der Grund für ihre Traurigkeit. Vielleicht hatten sie keine Kinder.
Der Skipper hieß Steve. Er hatte den Kopf militärisch kurzgeschoren und trug ein eintätowiertes Sturmgewehr auf dem rechten der muskulösen Oberarme. Das Tattoo war sehr detailgenau. Die Waffe war entsichert. Das Bild machte Steve noch stärker.
„Wir werden bezahlen", hatte Steve gesagt.
Er war in sein Dinghi gestiegen, hatte den Außenborder angerissen und war mit steiler Heckwelle zu den benachbarten Seglern gefahren. Da schwamm eine Yacht aus Österreich, eine aus Deutschland, eine ohne Nationalflagge. Akelino sah, dass Steve überall mit den Besatzungen sprach. Er sprach aufgeregt, man sah es seinen Gesten an und er steckte die anderen Besatzungen mit seiner Aufgeregtheit an. Das war deutlich. Steve deutete immer wieder auf die *Sea Desire* und irgendwann bekam er von den anderen irgendetwas über die Reling gereicht, bevor er zum nächsten Ankerlieger weiterfuhr.

Akelino war gespannt, was hier ablief. So genau war das aus der Entfernung nicht zu erkennen. Da waren ihm die beiden Frauen viel näher und die waren interessanter, auch wenn sie traurig waren. Er quetschte das hohle Dosenblech zusammen und signalisierte den traurigen Frauen damit, dass er noch Durst hatte.

Steve war nicht allein. Der Skipper der österreichischen Yacht begleitete ihn. Steve zog behutsam das angefeuchtete Handtuch zurück, zeigte dem Österreicher die Schildkröte und kraulte zärtlich deren Brustpanzer. Ein merkwürdiger Umgang mit einem Leckerbissen. Akelino fragte sich, was das für Gefühle waren, die ein Mann, der ein Sturmgewehr auf dem Oberarm eintätowiert trug, zu einer Meeresschildkröte haben konnte.
„Was willst du dafür haben?", fragte der Österreicher.
Er will sie kaufen, dachte Akelino. Jetzt wurde ihm alles klar. Steve hatte seine Freunde auf den anderen Yachten besucht, ihnen von der Schildkröte erzählt, Geld gesammelt und sie haben sich zum Essen verabredet. So lief das hier! Sie treffen sich am Strand der kleinen, unbewohnten Insel, die sie BBQ-Insel nennen, zünden ein Feuer an und grillen Fisch. Heute würden sie eine Schildkröte grillen.
„Ich habe sie für meine Familie gefangen", sagte Akelino.
„Wieviel?", fragte Steve.
„Meine Familie weiß, dass ich nie mit leeren Händen zurückkomme", sagte Akelino. „Nie! Sie freuen sich schon."
Steve zeigte ihm Geldscheine. Amerikanische Währung.
„Das sind 130 Dollar", sagte Steve.
Akelino hörte die Worte und er sah die Scheine. Das waren wirklich 130 US-Dollar. *Ciento treinta dólares!* Das war ein Menge Geld. *Mucho dinero.* Das war so viel *mani*, dass man davon seiner Frau besser nichts erzählte, weil das nur Unruhe in das Matriarchat brachte.
Akelino trank aus, warf die Dose lässig über die Schulter ins Wasser, stand auf, griff nach den 130 Dollar, packte die Scheine, faltete sie zusammen, steckte sie ein, bewegte sich ganz langsam und kontrolliert.
„Muy bien!", sagte er. „Vale." Er kletterte über die Reling, ließ die Schildkröte zurück, band sein Ulu los.
Die 130 Dollar fühlten sich gut an, aber etwas war anders als sonst,

wenn er den Seglern geklaute Kochbananen oder lebende Hummer zu überhöhten Preisen verkauft hatte. Heute lächelte niemand nach dem Geschäft, niemand hob den Daumen der rechten Hand, niemand winkte, als er lospaddelte. Sein Instinkt warnte ihn. Das hier war wie ein Hinterhalt oder das Gefühl vor einer Falle, von der man ahnt, dass sie da ist, aber trotzdem weitergeht. Sein Instinkt warnte ihn davor, der *Sea Desire* den Rücken zu zeigen. Er drehte im Wasser das Blatt seines Paddels um ein paar Grad, der Bug des Ulus schwenkte herum. Er ließ sich treiben und beobachtete *el barco con la bandera americana* aus der Entfernung.

Steve hob gerade die Schildkröte hoch, der Österreicher half ihm tragen. Die beiden Frauen spritzten Meerwasser aus einem Eimer über den Panzer. Wie in einer Zeremonie bewegte sich die Gruppe in Richtung Heck des Schiffes, stieg synchron die kleine Stufe zur Badeplattform herunter. Alle gingen gemeinsam in die Hocke.

Sie sollten sie besser erst heute Abend schlachten, dachte Akelino, erst kurz vor dem Kochen. Dann bleibt das Fleisch viel zarter.

Die jüngere der beiden Frauen hielt einen Fotoapparat in der Hand. Sie löste aus, als Steve die Schildkröte in das Heckwasser setzte und ganz vorsichtig ihren Panzer losließ, behutsam wie ein Kind, dass am Weiher ein selbstgebautes Schiffchen schwimmen lässt.

Die Schildkröte trieb einen Augenblick lang noch ruhig an der Oberfläche, bewegte dann gemächlich eine Vorderflosse. Es war so, als ob sie die plötzliche Freiheit erst einmal ausprobieren müsste.

Die Schildkröte schwamm jetzt im Kreis. Sie reckte den Kopf aus dem Wasser, orientierte sich und endlich paddelte sie in Richtung Außenriff, dem Brandungsgeräusch entgegen.

Und dann war die Traurigkeit vorbei. Die Besatzung der *Sea Desire* klatschte, jeder umarmte jede und jede jeden, jeder jeden und jede jede. Sie lachten und sie wischten sich gegenseitig die Freudentränen aus den Augenwinkeln.

Tontos! Psicópatas, dachte Akelino. Er stieß das Paddel heftig in das Wasser, zog durch. Das Ulu sprang an. Nach wenigen Schlägen hatte Akelino die Schildkröte erreicht. Sie tauchte nicht ab. Ihre natürlichen Reflexe funktionierten noch nicht wieder. Das war bei Akelino anders. Er beugte sich einfach über die niedrige Bordwand, packte das Tier am Hinterbein, zog es über die Kante in sein Kanu. Er sah noch, dass die Truppe auf der *Sea Desire* auf der Süllkante stand und

ihn entgeistert anstarrte.
Und dann verstand Akelino, trotz fünf Dosen panamaischem Bier, dass es jetzt gut wäre, schnell zu verschwinden.

Achu, der Hund des Chiefs, umkreiste die drei Männer, kläffte, knurrte, fletschte die Zähne, stellte die Nackenhaare auf, hielt aber Abstand. Als Hund, in Kuna Yala geboren, lernt man sehr früh, wie weit man sich Menschenfüßen nähern kann.
Der Amerikaner und der Österreicher wussten nicht, wie man sich dem Oberhaupt einer Insel näherte. Sie hatten soeben ein Tabu gebrochen. Sie hatten den Chief gestört, als er in seiner *kachi*, seiner *hamaca* lag. Noch niemals zuvor hatte es jemand gewagt, einen Saila anzusprechen, der in seiner Hängematte ruhte.
Inculto cultural!
Das war wie ein Verbrechen. In der gesamten Comarça de Kuna Yala* hatte es seit Nele Kantule** so etwas noch nicht gegeben. Die Ruhe des Chiefs war eine heilige Sache. Das Gesetz galt für alle. Aber dem Amerikaner und dem Österreicher waren die Regeln der Tradition gleich.
„Es gibt eine weltweite Abmachung", sagte der Amerikaner. „Ein internationales Abkommen!"
„Acuerdo internacional!", sagte der Österreicher.
„Artenschutz!", sagte der Amerikaner.
„¡Protección de especies!", sagte der Österreicher. Er sagte es sehr laut. Er schrie es direkt in das rechte Ohr des Chiefs. „¿Entiendes? – Protección de especies!"
Der Chief wich einen Schritt zurück. Sein rechtes Trommelfell schmerzte. Nein, er verstand nicht. Er war müde, er war verärgert. Sehr verärgert! Aber er zeigte es nicht, weil der untere Rippenbogen des Amerikaners auf seiner Augenhöhe war, wenn sie sich gegenüberstanden. Das war keine gute Ausgangsbasis für einen Streit und sein Hut allein reichte dem Chief nicht aus, seine Autorität zu sichern. Zudem fehlte ihm ausgerechnet jetzt sein Assistent. Der hätte ihm erklären können, was hier ablief. Der *asistente* wusste alles, konnte immer

---

*   Kuna Yala – früher San Blas Inseln, halbautonome Inselgruppe nördlich vor Panama
** 1868-1944; Heiler, Spiritist und Führer der Kuna

alles erklären. Der hätte ihm vermutlich auch sagen können, was diese *descortesía*, diese aggressive Unhöflichkeit mit einer Schildkröte zu tun hatte.

Es ging um eine Schildkröte, soviel hatte er verstanden. Die Familie von Akelino hatte gestern eine *yauk* gegessen. Das war dem Chief nicht entgangen. Er hatte den Duft aus der Kochhütte gerochen. Akelino war ein guter Fischer. Aber Akelino hatte ihm nichts abgegeben. Vielleicht hatte er diesmal nur ein kleines Tier gefangen, so klein, dass es gerade für seine eigene Familie reichte und zu wenig, um dem Chief seinen Respekt zu erweisen. Er würde ihn zur Rede stellen müssen. Nur, was interessierte das die beiden *turista*?

Und ausgerechnet jetzt war Akelino verschwunden!

„Wir wollen keinen Streit, wir wollen nur aufklären", sagte der Amerikaner. Auf seinen nackten Bizeps zuckten Muskelfasern, bewegten auf der Haut ein Schnellfeuergewehr und es sah aus, als ob die Waffe durchgeladen würde.

„Internationale Abkommen und Fangverbote gelten auch für euch", sagte der Österreicher. Er sagte es wieder laut und wieder direkt in das Ohr des Chiefs.

Mit dem Zeigefinger stieß der Österreicher gegen das Brustbein des Chiefs. Das war handfeste Rhetorik. Das sollte helfen, die Stichhaltigkeit und Überzeugungskraft seiner Argumentation zu unterstreichen.

„Für alle! Auch für dich!", sagte der Österreicher. Und wieder stieß er mit dem Finger zu. Der Chief taumelte zurück und strauchelte über eine Kokosnuss. Er fiel. Sein Hund nutzte die Verwirrung und schnappte nach dem Bein des Amerikaners. Er erwischte das linke Bein. Der Amerikaner hatte so den rechten Fuß frei, holte aus, trat zu und flankte den Hund in einer weiten Parabel aus dem Ring.

Das war der Moment, in dem Akelino eine knappe Seemeile entfernt mit seinem Kanu Kalugirdup erreicht hatte. Auf dem Gipfel des Telefon Mountain fand sein Mobiltelefon ein Funknetz und er wählte die Nummer der Kaserne der panamaischen Küstenwache.

*

Irgendwann fährt ein Segler mit Nord-Nord-West-Kurs und lässt zunächst Ogoppiriadup an Backbord liegen. Vom Steuerstand aus sieht er ganz in der Nähe die Spitze eines Mastes über die Wasseroberfläche ragen. Dort muss irgendwann einmal ein Segelboot gesunken sein.

Am Wegepunkt 09° 35,2´ N / 078° 40,9´ W legt er Ruder und fährt an den Untiefen auf Nord-Ost-Kurs vorbei. Direkt vor ihm liegt die Trauminsel.

Perfekt! Genau hier könnten die Neidfotos für Postkarten entstehen, denkt er, oder die für die Lockprospekte der Reiseveranstalter.

Die Insel, bewaldet mit gesunden Kokospalmen, wird umspült von kristallklarem, türkis leuchtendem, 28° Grad warmem Wasser. Eine flache Brandung spielt am weißen Korallenstrand.

Der Segler wirft den Anker und fährt mit seinem Beiboot auf die Paradiesinsel. Er zieht das Dinghi auf den flachen Sandstrand und wird von einem Kuna-Indianer freundlich begrüßt. Der Indianer stellt sich vor. Er heißt Akelino und er kassiert für das Betreten der Insel zwei Dollar pro Person. Das Geld erhält der Chief.

„Ein Besuch ist nur bis Sonnenuntergang gestattet", sagt Akelino. „Nur Besichtigung. Keine Partys, kein Alkohol, kein Grillen, kein offenes Feuer – und kein Kontakt mit dem Chief. Das wird von der Küstenwache kontrolliert."

Der Segler erinnert sich an das gesunkene Boot, dessen Mastspitze er auf der Fahrt hierher gesehen hat. Der Havarist kann nicht in großer Tiefe liegen, das weiß er. Der Segler nimmt sich vor, dort zu schnorcheln und zu tauchen. Das erscheint ihm interessanter, als ein kostenpflichtiger Spaziergang über eine Trauminsel, auf der nichts weiter als weißer Sand und Palmen zu finden sind. Er weiß noch nicht, dass in dem Wrack, im Schutz der Scherben von dreißig zerschlagenen Pastisflaschen, winzige Rifffische ein neues Paradies gefunden haben.

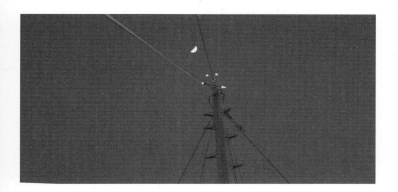

Ree

"Ree!"
Was für ein Wort! Es gibt kaum ein klareres und deutlicheres Kommando, weder im militärischen Sprachgebrauch, noch bei der Dressur und Erziehung von Hunden oder Menschen. Dabei ist „Ree" kein Wort im eigentlichen Sinn, vielmehr Lautsprache auf höchstem Niveau, die Krönung der Kommunikation. „Ree" ist eine der kürzest möglichen, sinntragenden Äußerungen mit dem klaren Ziel, im menschlichen Miteinander echte Verständigung zu erreichen.
Mit „Ree" findet die Mitteilung wirklich ihren Empfänger. Sie bewirkt, was sie bewirken soll. Es gibt keine Zischlaute, die den Rezipienten mit Sprühspeichel vernebeln und ihn doch nicht verstehen lassen. Es braucht keine kunstvollen Vokal- und Konsonantenkombinationen, die allenfalls ästhetische oder linguistische Grundbedürfnisse anrühren, aber Wollen und Verständigung verschleiern.
Starten Sie einen einfachen Versuch. Stellen Sie einem Menschen eine klare, unkomplizierte Frage – und Sie werden einen unbrauchbaren Antwortbrei erhalten.
Zeigen Sie ihm ein grausames Pressefoto und dann fragen Sie:
„Wie denkst du über tausendfachen Kindermord?"
Ich wette, Sie werden hören:

„Ja, wenn man diese Bilder sieht, ist man schon sehr geschockt…"
Man ist geschockt?
Wer, zum Teufel, ist „man"? Ich hatte gefragt: „Wie denkst du?" und die Antwort ist nur:
„…man kann gar nicht hinsehen…"
Was soll diese Zaghaftigkeit, dieses feige Untertauchen und Verstecken in der Masse? Nicht „ich" bin geschockt, „man" ist geschockt!
„Man ist ja nicht wirklich zufrieden, mit diesen Lohnabschlüssen bei minus 5%…"
Bloß nicht zu vorwitzig sein, auf keinen Fall durch Eigenständigkeit auffallen. Immer schön den Kopf unten halten.
„Man müsste vielleicht mal was tun, gegen die Umweltverschmutzung und die Fettleibigkeit von Jugendlichen… Wer ist „man"? Ich doch nicht. Das sind erstmal die anderen. Die sind am Zug. Mal schauen, was daraus wird. Vielleicht schließe ich mich an, vielleicht auch nicht. Und wenn, dann bin ich nicht laut dabei und erst recht nicht zu auffällig.
„Man denkt, dass Kindermord nicht ganz in Ordnung ist!"
Wird wohl schon richtig sein, wenn alle das denken. Und wenn es sein muss, bin ich eben anderer Meinung. Das geht schon. Das funktioniert. Das ist leicht. Das ist bisher immer gut gegangen.
Aber wer „Ree" sagt, der will etwas Konkretes. Er will es jetzt und er steht dazu. Jeder kann ihn sehen. Für das, was er fordert, trägt er hier die volle Verantwortung, er ganz allein. Das weiß er und das wissen alle anderen und das wird durch zielgerichtete Aktion honoriert. Er will, dass das Boot durch den Wind geht und er sagt „Ree". In diesem Moment wird niemand mit ihm diskutieren, das Für und Wieder abwägen und wunderbare kreative Alternativvorschläge mit blumigem Rahmen formulieren für etwas, was „man" doch auch sonst noch anstellen könnte. Jeder wird einfach handeln. Tun, was er tun muss. Es wird gemeinsam gehandelt, mit gleichem Ziel. Und das Boot wird durch den Wind gehen. Es wird sich auf dem neuen Bug stabilisieren. Es wird Fahrt aufnehmen und es wird die Wellen durchpflügen.
Woher kommt die Kraft dieses Lautes? Zum einen nährt sie sich aus der Autorität des Sprechers. Diese Autorität stützt sich nicht auf Litzen und Streifen, ist nicht von außen durch Gesetze oder Künstlichkeit bestimmt. Wer „Ree" sagt, führt ein Schiff. Vielleicht war das am

Anfang eine Teamentscheidung, aber sie ist gefallen und jetzt gilt sie. Die Qualifikation, das Schiff führen zu können, ist vorher bewiesen. Jetzt steht er am Ruder und alle notwendigen Informationen kulminieren bei ihm. Er hat abgewogen und entschieden und er sagt „Ree", weil er es in diesem Moment für richtig hält.

Kaum ein anderes Wort bietet der menschlichen Stimme mehr Möglichkeiten, ihre Komplexität zu beweisen. Manchmal bildet sich dieser Laut ganz tief unten im Brustkorb. Das „R" rollt heran, zunächst ahnt man es mehr, als dass man es wirklich hört, wie einen großvolumigen Schiffsdiesel, der noch viele Seemeilen entfernt ist. Wind, schlagende Segel, knarzende Wanten, brechendes Wasser können diesen Laut nicht übertönen. Dabei ist das „R" nur das Ankündigungssignal. Das nachfolgende „e" ist die eigentliche Botschaft und ist gleichzeitig Handlungsanweisung, wobei die gesprochene Länge des Vokals die Art und Form der geforderten Durchführung bestimmt. Ein kurzes knappes „e" steht für ein schnelles, exaktes Manöver, ein lang gezogenes für einen zügigen, aber wesentlich ruhigeren und runden Richtungswechsel. Ist die Situation kritisch, hört man das dem „e" ebenso an wie die Verheißung einer baldigen heißen Dusche oder eines guten Rotweins.

Das Segelkommando „Ree" ist die Reduzierung einer umfassenden Willensäußerung auf einen einzigen Buchstaben ohne auf die filigrane Beschreibung der Ausgestaltung zur gewünschten Ausführung verzichten zu müssen.

„Ree" ist ein sprachliches Kunstwerk in höchster Vollendung. Wollen Sie eine Gruppe zu einer gemeinsamen Richtungsänderung bewegen, können Sie das mit einem gebellten „rechts – um" oder „links – um" versuchen. Natürlich wird auch das funktionieren, es funktioniert schon seit Jahrhunderten, aber wie unbeholfen und hölzern wirkt das doch im Vergleich zu der Sinfonie, die Sie mit dem auf ihre Bedürfnisse hin modulierten „Ree" zelebrieren können.

Mit „Ree" können Sie streicheln und loben und quälen. Sie können einpeitschen. Sie können besänftigen. Mit „Ree" können Sie sprechen. Sie können sich mitteilen und Sie werden verstanden.

„Ree" gibt es nur beim Segeln.

Robby

Er lebte von Rum, Frauen und Flachbildschirmen.
Er war einer der letzten seiner Art. Er war ein Fossil. Seine Lebensgeschichte war eine filmreife Story, aber sie auf die Leinwand zu bringen, würde schon daran scheitern, dass es niemanden gäbe, mit dem man seine Rolle besetzen könnte. Vielleicht hätte der frühe Lino Ventura funktioniert. Aber einen frühen Lino Ventura gibt es schon lange nicht mehr.
In Robbys Leben gab es keine Durchschnittlichkeit. Er lebte ausschließlich von Höhepunkt zu Höhepunkt. Da waren Höhepunkte der Siege und da waren die Höhepunkte der Niederlagen. Robby genoss beide. Allgemeine Wertungen galten nicht für ihn. Sein Maßstab war allein die Intensität, mit der er fühlte, sie war der Gradmesser, die Richtschnur, sie gab ihm die Kraft, die er schöpfen konnte und die ihn vorwärtstrieb. Er lebte niemals im Mittelmaß.
Als es Zeit war und der zähe Killerbrei seine Lungenbläschen vollständig umschlossen hatte, als er im Bugkorb seines Schiffes zusammenbrach und keinen Sauerstoff mehr in seine Blutbahn atmen konnte, als es viel zu spät war, den Schleim auszuwerfen, weil die Kraft endgültig fehlte, als ihm nichts mehr half, da war auch das ein Höhepunkt.

Er starb allein, hielt die Ankerkette noch im Tode umklammert, aber diesmal blieb der Anker auf dem Grund, vergraben im Sand von Mindelo Anchorage.

Der weiße Rum von Santo Antão ist der beste Rum der Welt. Robby kaufte ihn von den Bauern, die ihn aus eigenem Zuckerrohr auf ihren eigenen Höfen brannten, schwarz, ohne Lizenz, aber auf die gleiche meisterliche Art, wie ihre Väter und Vorväter und Vorvorväter ihn schon schwarz und ohne Lizenz und meisterlich gebrannt hatten.
Robby war Freund der Familien, die den Rum brannten, und er war Freund der Frauen, die diese Familien verließen, weil nicht jeder in der Familie Rum brennen kann.
Die Frauen verließen die Dörfer auf Santo Antão, wenn sie jung waren, und zogen in die Hafenstadt Mindelo, um dort das einzige zu verkaufen, was sie besaßen, von Geburt an besaßen. So wie ihre Mütter und Vormütter und Vorvormütter schon verkauft hatten, was sie besaßen, wenn die Seeleute kamen. Die Großmütter erklärten ihren Enkelinnen das Leben und die Mechanismen der Welt ebenso wie es die Mütter ihren Töchtern erklärten und sie nahmen, was kam.
So überlebt man auf Inseln.
Robby verstand die Frauen von Santo Antão und die von São Vicente und alle Frauen von den Ilhas de Barlavento, den Inseln über dem Wind. Er war immer für sie da. Er verlangte für das, was er gab, nie eine Gegenleistung. Er forderte nichts und er erhielt alles. Er war da, wenn die Touristen, die nicht verstanden hatten, dass die Kolonialzeit vorüber war, befehlen wollten. Einige hielten die Frauen noch immer für Sklavinnen und denen gab er intensiven Nachhilfeunterricht in Sachen Selbstbestimmung und Freiheit und Freiheitskampf. Und wenn die Großmäuler im Krankenhaus wieder erwachten, unter ihren kühlenden Kopfverbänden und mit den bandagierten Gliedmaßen, dann konnten sie sich an nichts mehr erinnern, gaben der Polizei nichts zu Protokoll, nahmen den nächsten Flieger nach Hause, nach Europa und redeten künftig schlecht über die Kapverden.
Zweimal im Jahr segelte Robby nach Norden zu den Kanarischen Inseln, die Bilge und den Stauraum an Bord mit schwarzgebranntem weißem Rum seiner Freunde, den Bauern von Santo Antão, vollgepackt. Er ankerte ohne einzuklarieren vor der Playa de las Mujeres an der Südspitze von Lanzarote und wartete. Er wartete nie lange.

Es sprach sich schnell herum, dass er wieder da war und wer Interesse an gutem und preiswertem Rum hatte, wusste Bescheid. Die Gastronomen und Barkeeper der Hotelanlagen und Touristenlager von Fuerteventura und Lanzarote besuchten ihn mit ihren schnellen Motorbooten und luden um. Sie schätzten die Qualität, die Robby lieferte, und sie schätzten die Preise, die Robby verlangte. Sie konnten mit Geld bezahlen oder mit Waren, die auf den Kapverden interessant und teuer waren, auf den Kanaren aber billig. Auf den Kapverden gab es guten Rum, aber keine Flachbildschirme. Auf den Kanarischen Inseln war es umgekehrt. Jeder gab, was er hatte. Tauschgeschäfte beleben die Inselwirtschaft seit Jahrtausenden. Robby war Mittler in diesem globalen Wechselspiel, das Medium, der Katalysator zwischen den Welten, zwischen dem reichen Europa und dem Arsch der Welt. Und es lief gut, weil es keine Behörde gab, die sich in dieses funktionierende Spiel einmischte.

Wenn Robby nach Mindelo zurückkehrte, war sein erster Gang der Gang zur *Polícia Marítima*. Jeder Segler, der im Hafen einläuft, besucht die Hafenpolizei, legt die Pässe vor und die Schiffspapiere. So muss es sein, das ist internationale Pflicht. Robby hatte keine Schiffspapiere, die er vorlegen konnte, und sein deutscher Pass war schon seit Jahren abgelaufen. Also besuchte Robby das Büro der *polícia marítima* ohne Papiere, ohne Pass, aber mit einem original verpackten, neuen Flachbildschirm. Er legte das Paket wortlos auf den Schreibtisch, wenn gerade niemand im Raum war, ging zurück zu seinem Schiff und begann erst dann mit seinen Geschäften. Der erste Flachbildschirm war immer für die *polícia* reserviert. Danach durften alle anderen kaufen. Alle anderen mussten bezahlen und alle anderen taten es gern. Und sie bezahlten gut.

Wenn im Club Nautico Party war und Robby einlud, waren sie alle wieder da. Da waren die Frauen von Santo Antão und die von São Vicente und alle ihre Schwestern von den Ilhas de Barlavento. Da waren die *polícias* und *políticos*, da waren die Freunde und die Schnorrer und die Klugscheißer und die Gaffer.

Und da war MG.

MG war Situationskünstler und Künstler des Überlebens, ein von Lebenserfahrungen geschulter Psychologe, er war Chronist und in Mindelo gestrandeter Segler. Er verstand etwas von Kunst, von Zusammenhängen und von Menschen. Er kannte sich aus mit Kulissen und Masken, mit Täuschungen und Verkleidungen und mit der Dramaturgie falscher Dialoge. MG lieferte die Theorie, Robby die praktische Erfahrung.

MG war Robbys Freund. Mit ihm konnte er reden, mit allen anderen nur sprechen. Gemeinsam konnten sie spielen. Und das taten sie mit den Gästen auf der Party im Club Nautico. Sie spielten ein komplexes Spiel, verschoben die Figuren, übten Charaden, ersetzten und kombinierten und sie verloren nie ihren Einsatz. Aber sie spielten nur, um zu spielen.

„Du musst deine Amygdala im limbischen System anregen", sagte MG. „Vergiss deine Angst, lass Emotionen zu. Du musst siegen und verlieren, beides genießen, du musst weinen und lachen. Weinen vor Lachen."

Und Robby wusste das alles längst selbst, auch ohne kluge Worte, sprang auf die Bühne, umarmte die Musiker, setzte sich an das Bongo, ließ die Hände wirbeln, schlug den Takt zu den kapverdischen Liedern, die traurig waren und voller Freude, melancholisch und kraftvoll, zuversichtlich und voller Leben.

„Es ist unanständig, einen Kriminellen so zu feiern", sagte ein Klugscheißer, mutig geworden durch Robbys Rum. „Er macht, was er will!"

„Du bist neidisch", sagte MG. „Und du trinkst seinen Rum."

„Auch wenn die Polizei nichts unternimmt", sagte der Klugscheißer, „er ist und bleibt ein Pirat, nichts anderes."

„Es gibt zwei Arten von Piraten auf der Welt", sagte MG. Er sagte es sanft und er sagte es geduldig. „Die einen stehlen, um sich im Leben zu bereichern, die anderen, um das Leben im Allgemeinen zu bereichern."

„Du meinst, er ist so etwas wie ein Robin Hood?"

„Kein Robin Hood", sagte MG. „Robin Hood nahm den Reichen und gab den Armen. Robby nimmt allen und verteilt unter allen neu. Robby ist Künstler, kein Pirat."

Später, dann, wenn die *polícias* und die *políticos* längst gegangen waren, weil sie bekommen hatten, was sie wollten, und sich die übriggebliebenen Gaffer und Klugscheißer und neuen Kolonialisten mit Robbys Rum genug imaginären Mut und Dreistigkeit angetrunken hatten und die Frauen ihn jetzt brauchten, dann sprang Robby von der Bühne, ließ die Bongos zurück und seine Fäuste wirbelten nicht

mehr auf den Fellen der Instrumente, sondern perkussierten auf den Kinnspitzen derer, die nichts verstanden hatten, von der Wirklichkeit, dem wirklichen Leben und den Frauen der Ilhas de Barlavento.
Das waren die Momente, in denen wieder klare, frische Luft bis in seine Lungenspitzen fließen konnte; Augenblicke, in denen er noch einmal Leben spürte und träumte, dass alles in Ordnung sei.
„Er ist aggressiv", sagten die Klugscheißer und gingen in Deckung, versteckten sich hinter den Gaffern und neuen Kolonialisten. „Er ist unkontrollierbar."
„Nein, er lebt", sagte MG. „Das ist ein Unterschied. Wer immer nur an Verteidigung denkt, nie an Angriff, bleibt ein Leben lang in der zweiten Reihe. Dem fehlt der Glaube an die Zukunft, dem fehlt die Kraft, dem fehlt die Fantasie, dem fehlt alles, was das Leben schenken kann."
Und die Frauen mochten ihn, weil auch sie etwas vom Leben verstanden.
„Ich spiele nur meine Karten aus", sagte Robby.
„Du spielst gut", sagte MG. „Du spielst gut, weil du nicht mit gezinkten Karten spielst."
Es waren wunderschöne Abende im Club Nautico und wunderschöne Nächte.
So war auch die letzte. Vielleicht spürte er, dass es seine letzte sein würde. Aber er sagte nichts.
„Manchmal gewinne ich und manchmal verliere ich", sagte Robby. „Aber dadurch ist das Leben nie ausgeglichen. Es geht immer weiter. Aber es geht immer nur weiter, wenn es bergauf geht. Es geht weiter, wenn es mühsam ist. Alles andere wäre nichts anderes als ein Seifenkistenrennen: Dynamik ohne eigenen Antrieb, abwärts bis zum Stillstand."
Am Morgen war es Zeit und der zähe Killerbrei hatte seine Lungenbläschen vollständig umschlossen. Robby brach im Bugkorb seines Schiffes zusammen, weil er keinen Sauerstoff mehr in seine Blutbahn atmen konnte, weil es viel zu spät war, den Schleim auszuwerfen, weil die Kraft endgültig fehlte. Er starb allein, hielt die Ankerkette noch im Tode umklammert, aber diesmal blieb der Anker auf dem Grund, vergraben im Sand von Mindelo Anchorage.
Warum nicht? dachte Robby.
Es war das erste Mal, dass er Verlierer war und es war das letzte Mal.

Er starb, weil ihn sein eigener Körper tötete, weil ihn die eigenen Zellen erstickten, ihm die Luft zum Atmen nahmen. Niemand sonst hätte das geschafft.

MG organisierte das Begräbnis, weil es sonst keinen gab, der das übernommen hätte. Die Frauen von Santo Antão waren da und die von São Vicente und alle ihre Schwestern von den Ilhas de Barlavento. Sie warfen keine weißen Blumen in Robbys Grab, sie tranken stattdessen Robbys weißen Rum und sie tranken auf das, was er ihnen gewesen war. Sie tranken viel und sie blieben an seinem Grab und sie tranken dort bis spät in die Nacht und sie weinten und lachten und weinten endlich vor Lachen und MG spielte Bongo. Aber er spielte nicht gut. Er hörte auf und warf auch das Bongo ins offene Grab.

Die *política marítima* beschlagnahmte Robbys Schiff am Ankerplatz vor Mindelo und durchsuchte es mit Hunden. Sie fanden nichts, keinen Rum, keine Flachbildschirme, keine Schiffspapiere. Das Schiff war nirgendwo registriert und in den Protokollen der Hafenpolizei gab es keinerlei Unterlagen zur Einklarierung. Es gab dieses Schiff gar nicht, weder hier noch woanders. Es gab nur die vage Erinnerung an einen der letzten seiner Art.

Und die Erinnerung war schön.

Nächstenliebe

Dies ist das Protokoll eines Unfalls. Es beschreibt die Havarie einer Segelyacht, die Havarie der Nächstenliebe und die Havarie guter Seemannschaft. Das alles zusammen ist das wahre Unglück. Dies ist eine Geschichte ohne Happy End.

Donnerstag, 14.Juni
Das Wetter ist ruhig. Leichte Winde aus Nordnordwest treiben die Segelyacht N... auf südwestlichem Kurs aus dem Hafen von Neiafu, vorbei an Hunga-Island. Der Autopilot ist eingeschaltet. Die Yacht zieht auf Halbwindkurs durch ruhiges Wasser. Sie macht gute Fahrt, es gibt keine Wellen, gegen die der Bug ankämpfen müsste.
Zwei Männer führen die Yacht. Sie haben ihr Leben lang auf dem Wasser gelebt, ihr ganzes Berufsleben lang, als Lotsen, als Schiffsführer. Sie fühlen sich wohl auf dem Ozean. Sie fühlen sich wohl auf einem Schiff. Jetzt überführen sie diese Yacht aus der Karibik nach Australien. Die *SY-N...* ist seit ein paar Wochen ihre Yacht. Es ist ihre eigene. In der Karibik sind Schiffe billiger als in Australien. Billiger und weitaus besser ausgerüstet. Die *SY-N...* war ein Schnäppchen. Die *SY-N...* ist für die beiden Männer ein Schnäppchen für ihren Lebensabend.

I.T. sitzt im Cockpit, lässt den elektrischen Autopiloten für sich arbeiten, hat die Arme am Hinterkopf verschränkt, sieht mit halb geschlossenen Augen der Sonne zu, die mit ihrem unteren Rand am Horizont im Meer zerfließt, wie gleißendes Wachs. Er genießt diesen Augenblick. Er genießt solche Augenblicke immer wieder. Er kann nie genug davon haben. I.T. ist sachlich genug um zu wissen, dass die Stimmung eines Sonnenuntergangs getränkt ist von Kitsch. Aber die Stimmung ist trotzdem immer wieder schön. Kitsch ist schön! Wer sich einmal darauf einlässt, dem schenkt ein Sonnenuntergang eine warme, tröstliche Melancholie, weil jeder weiß, dieser Verlust von Licht und Wärme ist nicht das Ende, er dauert nur ein paar Stunden. Ein Sonnenuntergang ist immer auch schon das Versprechen von etwas Neuem, von neuem Licht und neuer Wärme.

E.C. steht unten in der Kajüte. Er steht breitbeinig am Herd, schiebt die Pfanne auf die Gasflamme. Er steht breitbeinig, weil er es gewohnt ist, für einen sicheren Stand auf einem Segelschiff zu sorgen, wenn er kocht. Der Begriff „Eigensicherung" hat für ihn als Smutje eine ganz besondere Bedeutung. Der Umgang mit kochendem Wasser und heißem Fett und Öl über offenen Flammen auf einem stampfenden, krängenden Schiff verlangt volle Konzentration, verlangt Geschicklichkeit und mindestens das Talent eines perfekten Jongleurs. Eine Hand für das Schiff, eine Hand für den Mann, eine Hand für den Topf, eine Hand für die Pfanne... So muss das sein. Das ist das Mindeste. Wenn du nicht die Schwester oder der Bruder der Göttin Shiva bist oder die Göttin selbst, dann hast du als Koch auf einem Segelboot ein Problem! Und oft reichen selbst vier Hände nicht mehr aus, dann müssen Gurte helfen, die dich am Arbeitsplatz halten und festzurren, die verhindern, dass du wie ein Squashball durch die Kombüse prallst.
E.C hat Spaß daran, auf einem kleinen Schiff zu kochen, ohne zum Spielball der Mächte zu werden. Besonders schön ist es an Tagen, an denen es gar nicht nötig ist, breitbeinig zu stehen, weil das Schiff so ruhig und sanft wie auf Schienen läuft. Heute ist so ein Tag. Heute ist so ein Abend.
E.C. legt Thunfischsteaks in das heiße Öl. Der Duft, der aus dem Niedergang aufsteigt und durch das Cockpit weht, lockt stärker als die melancholische Kraft des Sonnenuntergangs.

„Gute Nacht, Sonne", sagt I.T. gegen den glutroten Himmel. „Bis zum nächsten Mal..."
Er steht auf, lässt den Blick noch einmal über den Horizont wandern, prüft den Seeraum, kontrolliert den Autopiloten, kontrolliert die Segelstellung, lässt dann das Schiff seinen Kurs ziehen und drängt sich an der Steuersäule vorbei in Richtung Niedergang, folgt diesem appetitlichen Duft nach frisch gebratenem Thunfisch.

Sie weiß, dass ihr Bruder unterwegs ist, auf dem Weg aus der Karibik, hierher nach Bundaberg; unterwegs mit seiner neuen Segelyacht. Sie weiß, dass er ein guter Seemann ist. Sie weiß, dass sein Freund, der ihn begleitet, ein guter Seemann ist. Sie weiß, dass sie sich keine Sorgen machen muss. Sie weiß nicht, was sie von seinem kurzen Anruf über Satellitentelefon halten soll, der um 22.30 Uhr bei ihr einging.
Die Überführung war für ihren Bruder der Beginn der Erfüllung eines Lebenstraums. Sie hatte die Begeisterung in seinen E-Mails gespürt, in denen er ihr von der Passage durch den Panamakanal berichtet hatte, von dem langen Schlag in die Südsee, von Galapagos, von den Kalmen, in denen sie ohne den geringsten Windhauch über Tage in der Flaute gelegen hatten, über die Inseln Französisch-Polynesiens, die Tuamotos, die widrigen Strömungen dort, die Squalls, die nächtlichen Gewitter und harten Böen. Er hatte all das genossen und er hatte sie von unterwegs an allem teilhaben lassen; hatte ihr immer wieder versichert, wie gut es ihm ginge, auf seinem neuen Schiff, in seinem neuen Lebensabschnitt. Und sie glaubte ihm. Und dann ruft er an, sagt, dass sein Schiff auf ein Riff gelaufen sei, gegen die Klippen einer Insel treibe und von den Wellen zerschlagen werde. Er ist aufgeregt, er spricht laut, er ist nicht entspannt wie sonst, wartet nicht auf Antwort und das Gespräch bricht ab.
Sie versucht noch, ihn zurückzurufen, hofft auf ein technisches Problem, auf eine nur kurzfristige Unterbrechung der Satellitenverbindung, wünscht sich, dass alles ein Missverständnis ist, wählt dann die Nummer der Australien Maritime Safety Authority, aber will trotzdem nicht wahrhaben, was sie ahnt.

Der Wachhabende des Rescue Coordination Centre Neuseelands dechiffriert das Alarmierungssignal, das über die standardisierte Notfrequenz einer EPIRB um 22.34 Uhr in der Leitstelle eingeht. Das

Signal ist klar, es ist das der Notfunkbake der Segelyacht *N...*, die nach den vorliegenden Unterlagen mit zwei Mann Besatzung unterwegs ist. Die Position der Bake kann über GPS eindeutig identifiziert werden. Demnach wurde der Alarm dicht unter Land nördlich der unbewohnten Vulkaninsel Late Island ausgelöst; Late Island, diesem Steinhaufen 40 Seemeilen südwestlich von Vava´u, Tonga.

Der Wachhabende wählt die zu der Bake hinterlegte Telefon-Kontrollnummer, will die Position verifizieren, will ausschließen, dass hier ein Fehlalarm eingegangen ist. Die Telefonnummer trägt die Vorwahl eines Anschlusses in Bundaberg, Australien.

Freitag, 15.06., der erste Tag nach dem letzten Sonnenuntergang
Die *Orion*, der Seeaufklärer des Neuseeländischen Rescue Coordination Centre, RCCNZ, überfliegt zum ersten Mal die Insel Late Island. Ihr Auftrag lautet, Suche nach der möglicherweise havarierten Segelyacht *N...*, Ausschau nach Trümmerteilen, nach einer Rettungsinsel. Ausgangspunkt der Suche ist die zweite aufgefangene GPS-Position der Rettungsbake.

Die Bake treibt, das wird klar. Die neue Position liegt nun mehr südöstlich der Insel. Das deckt sich mit der dort vorherrschenden Strömung.

Der Navigator der *Orion* ermittelt die Gesamtdrift durch Tidenstrom und Wind und bestimmt das Seegebiet, das nach diesen Parametern abgesucht werden soll. Das ist Tagesgeschäft, das ist nautische Mathematik, das ist Routine.

Gefunden wird die Bake nicht.

Es werden auch keine Wrackteile oder ein Rettungsboot gefunden. Der Pilot der *Orion* glaubt, aufsteigenden Rauch über der Insel Late zu sehen. Sicher ist er sich aber nicht. Er fliegt eine enge Schleife, kann jetzt eine Rauchfahne identifizieren, kann aber aufgrund sich verschlechternder Sicht nicht eindeutig entscheiden, ob der Rauch von einem Feuer stammt oder aus einem aktiven Vulkankrater aufsteigt.

Samstag, 16.06., der zweite Tag nach dem letzten Sonnenuntergang
Die *Orion* muss die Suche wegen schlechter Sicht abbrechen. Die Piloten regulärer Verkehrsflugzeuge, im Landeanflug auf Neiafu, werden über eine Dringlichkeitsmeldung aufgefordert, Ausschau

nach einem treibenden Schlauchboot, einer Rettungsinsel oder nach Wrackteilen zu halten.

Sonntag, 17.06., der dritte Tag nach dem letzten Sonnenuntergang
Im Aquarium Café auf Vava´u wird nicht mehr gelacht. Hier, wo sich sonst schon ab den frühen Morgenstunden die Segler, die in der Bay of Refuge vor Anker liegen, treffen, trinken und tratschen, herrscht eine bedrückende Ruhe. Die Segler sitzen an den Tischen, beschäftigen ihre Hände mit Bierdeckeln, zerpflücken Servietten, zerknicken Streichhölzer, aber sie sprechen nicht. Sie warten. Sie warten auf neue Nachrichten.
Die Gesichter sind ernst, konzentriert. Zwei der ihren werden vermisst. Mike, der Inhaber des Aquarium Cafés, liefert immer neue Hinweise. Er hat einen guten Draht zur RCCNZ und er hat einen guten Draht zu den Fischern der umliegenden Inseln. Aber er hat keine guten Informationen, nichts, was wirklich weiterhilft.
Es wird viel spekuliert, aber so könnte es gewesen sein:
Die beiden Australier sind unter Autopilot gefahren. Dieser war auf ihrem Schiff über ein Netzwerkkabel mit dem Plotter gekoppelt. Auf dem Plotter haben sie in der elektronischen Karte ihren Kurs abgesteckt. Vielleicht haben sie nicht weit genug in die Karte hineingezoomt. Steinhaufen wie die Insel Late sind auf größeren Maßstäben elektronischer Systeme nicht zu erkennen und die beiden haben die Insel ganz einfach übersehen.
Der Autopilot erfüllt seinen Job. Er steuert den Kurs, den er steuern soll. Er fragt nicht nach Hindernissen, er fragt nicht nach Riffen oder Steinhaufen im Ozean. Der Autopilot steuert, er denkt nicht.
Late ist unbewohnt und nicht befeuert. Wer nachts nicht weiß, dass die Insel da ist, sieht die schwarzen Felsen nicht.
Die Riffe sind messerscharf. Sie schlitzen einen Bootsrumpf auf, wie eine Klinge ein Folienpaket. Niemand weiß, wie lange sich die Yacht nach dem möglichen Auflaufen noch halten konnte, bevor sie von der Brandung zerschlagen wurde. Niemand weiß, was mit der Besatzung geschehen ist.
Vielleicht konnten die beiden ihr havariertes Schiff kontrolliert verlassen und vielleicht haben sie die Insel erreicht. Vielleicht ist es ihnen gelungen, über die vom Meer geschliffenen, schwarzen Vulkanklingen trotz der hohen Brandung das Land zu erreichen. Vielleicht sind sie

schwer verletzt, aber leben noch und warten an Land auf Hilfe. Das könnte den Rauch erklären, den der Pilot der *Orion* gesehen haben will. Vielleicht leben sie und bauen auf die Notsignale ihrer Rettungsbake und auf die Signalwirkung der Rauchfahne ihres Feuers. Vielleicht!
Die Segler im Aquarium Café wollen sich mit einem „vielleicht" nicht zufriedengeben. Sie werden helfen. Sie sind entschlossen hinzufahren und nachzuschauen.

Die Fischer auf Hunga-Island kennen sich auf Late aus. Ihre Insel liegt diesem Vulkanhaufen am nächsten und sie wissen schon immer den Fischreichtum der steil abfallenden Klippen und der hohen Brandung dort zu nutzen. Die Segler wissen, dass sie jemanden brauchen, der sie in diesem Riffgebiet führen kann. Sie wissen, dass sie auf ortskundige Führung angewiesen sind und sie bitten die Bewohner auf Hunga-Island um Unterstützung.

Ein Fischer von Hunga-Island, der mit dem größten Boot der Insel, erklärt sich bereit, die Suchmannschaft der Segler noch heute auf die Insel zu fahren. Die Segler stellen ihre Dinghis und Kajaks als Landungsboote zur Verfügung, mit denen soll die Mannschaft vom Fischerboot aus über das flache Riff an Land gesetzt werden.

„Gott und Tonga sind mein Erbe!" Tonga ist ein christliches Land. Nichts geschieht hier, ohne den Segen der Kirche. Besonders der Sonntag gehört der Kirche. Bevor der Fischer die Leinen loswirft, geht er nach heiliger Tradition mit seiner gesamten Familie in den Gottesdienst. Er ist festlich gekleidet, weil Sonntag ist und weil er auf den Segen des Pfarrers hofft. Die Segler begleiten ihn.
Der Pfarrer sieht die Segler in seinen Bankreihen, sieht diese fremden Gesichter, die er sonst nie in seiner Kirche sieht. Und er weiß, warum sie heute hier sind. Auf Hunga-Island gibt es keine Geheimnisse.
Der Pfarrer steht auf seiner Kanzel, breitet die Arme aus, bildet ein Kreuz, das heilige Zeichen, mit seinem Körper. Er spricht mit tiefer, klarer, fester Stimme und seine Worte sind bis in den letzten Winkel seines Kirchenschiffes hinein zu verstehen.
„Am siebten Tage aber sollst du ruhen…!"

Der Pfarrer zitiert die Bibel und die Gläubigen singen „Amen!"
Der Pfarrer erinnert daran, dass der Sonntag heilig ist und dass an diesem Tag jegliche Arbeit verboten ist. Die Kanzel ist sein Lehrstuhl.
„Jegliche Arbeit!", wiederholt der Pfarrer nachdrücklich. Die Gemeinde singt „Amen!" und klatscht dabei rhythmisch in die Hände. Und dann küsst der Pfarrer symbolisch die Seiten der Bibel, legt das heilige Buch zur Seite und liest aus der Verfassung des Landes Tonga:
„Der Sabbat ist für immer heilig…!"
„Amen…!", singt die Gemeinde.
Es gibt keinen Segen an diesem Tag. Keinen Segen für die Fischer, die hinausfahren wollen. Und ohne Segen fahren die Fischer niemals hinaus. Sie ziehen ihre Zusage zurück, lassen sich von den Bitten der Segler nicht bedrängen, lassen sich von ihren Frauen fortziehen. Sie haben ihren Pfarrer gehört. Sie werden zu Hause bleiben. Es ist Sonntag. Am siebten Tage aber sollst du ruhen! Niemand auf Tonga ignoriert die Mahnung des Pfarrers und niemand ignoriert die Verfassung.
Der Sabbat ist für immer heilig!
Das Wort „christliche Nächstenliebe" fällt an diesem Sonntag nicht. Nicht in der Kirche.

Montag, 18.06., der vierte Tag nach dem letzten Sonnenuntergang
Der Gouverneur von Neiafu meldet sich zum ersten Mal, spricht im Rundfunk, wird von den Zeitungen zitiert. Er sichert den Rettern die volle Unterstützung der Regierung zu und stellt kostenlosen Diesel für alle Fahrzeuge in Aussicht, die sich an der Suche und Rettung beteiligen wollen. Jetzt schließen sich der geplanten Suchaktion weitere Fischer mit ihren Booten an, eine große Flotte.
Im Hafen von Neiafu gibt es keine Bootstankstelle. Um Diesel zu bunkern, muss ein Tankwagen an den Pier bestellt werden. Das soll heute am frühen Morgen geschehen.
Der Tanklastzug steht bereit, aber der Anlegekai ist von Schiffen der „Rund-um-die-Welt-Regatta" belegt. Drei Schiffsführer dieser Truppe möchten an diesem Montag vor ihrer Weiterfahrt ebenfalls tanken. Der Hafenmeister muss entscheiden. Er entscheidet, dass die Regattasegler nicht irritiert werden dürfen. Sie haben Vorrang vor allem und allen und sollen zuerst betankt werden. Rund-um-die-Welt-Regatta-Segler sind etwas Besonderes. Sie sind Mittelpunkt in weltwei-

ten Medienberichten, im Fernsehen, in den Zeitungen. Wenn Rundum-die-Welt-Regatta-Segler einlaufen, rückt Tonga in den Blickpunkt der Weltöffentlichkeit. Das geschieht nicht oft. Und deshalb will sie niemand verärgern. Rund-um-die-Welt-Regatta-Segler bringen Aufmerksamkeit und sie bringen Geld auf die Inseln. Und jeder weiß, dass da, wo sie in Rudeln auftauchen, sie es nicht gewohnt sind, zurückgestellt zu werden.
Die Rettungsmannschaft hat zu warten.
Die Rudelskipper lassen sich Zeit. Auch nach dem Betanken ihrer Schiffe belegen sie weiterhin den Kai, schicken ihre Crews erst noch zum Einkaufen auf den Markt. Es gibt frisches Gemüse und Obst. Das ist wichtig für Regattasegler. Das hält das Rudel gesund.
Erst am Nachmittag ist der Pier endlich wieder frei. Jetzt ist es viel zu spät für die Suchmannschaft, zu tanken und auszulaufen. Um 18.00 Uhr wird es dunkel. Die Aktion kann erst am nächsten Tag gestartet werden.

Dienstag, 19.06., der fünfte Tage nach dem letzten Sonnenuntergang
Neun Mann der Seglerinitiative erreichen Late-Island. Sie schaffen es, mit kleinen Booten über das Riff und durch die Brandung zu setzen und beginnen mit der Suche nach den vermissten Seglern. Sie durchstreifen die Uferzonen der Insel. Sie hoffen immer noch, dass es die Schiffbrüchigen lebend bis auf das Eiland geschafft haben.
Die Suchmannschaft findet die ersten Wrackteile, eine Kajüttür, Schwimmwesten, später finden sie die völlig zerschlagene Yacht selbst. Die beiden Männer finden sie nicht.
Die Suchmannschaft bleibt auf der Insel, richtet sich in Felsnischen ein und campiert bei Einbruch der Nacht. Bei Tageslicht soll die Suche nach den beiden Verschollenen fortgeführt werden.

Mittwoch, 20.06., der sechste Tag nach dem letzten Sonnenuntergang
Das Rescue Coordination Center Neuseeland übernimmt die Leitung der Rettungsaktion. Die private Suchmannschaft wird abgelöst durch professionelle Retter aus Neuseeland, Australien und Tonga. Diese Männer sind besser ausgerüstet, sind besser ausgebildet. Marineflieger kreisen über das umliegende Seegebiet, suchen 200 Quadratseemeilen ab.

Donnerstag, 21.06., der siebte Tag nach dem letzten Sonnenuntergang
Die Suche nach den vermissten Seglern wird eingestellt.

Das Ende:
Die Regattaleitung der „Rund-um-die-Welt-Regatta" bedankt sich per E-Mail bei der Hafenleitung von Neiafu dafür, dass trotz des bedauerlichen Unglücksfalls der Service für die Rund-um-die-Welt-Regatta erstklassig gewesen sei.
Man wolle auf jeden Fall im nächsten Jahr wiederkommen.
Das ist tröstlich.
Der Segen der Kirche ist ihnen sicher.
Alle freuen sich.

Alles in Ordnung, Mausi!

Siggi war der Chef. Das war jedem sofort klar, noch bevor das erste Wort gefallen war. Die Körpersprache verriet alles, war deutlicher als jede Erklärung. Er stand auf dem Steg, einen Fuß auf seinen Seesack gestemmt, den Ellenbogen lässig auf dem gebeugten Knie abgestützt. Ein actionfilmscharfer Zug modellierte die Mundwinkel. Siggi musterte die Crew mit einem Blick, der Programm war: Keine Güte, sagten seine Augen. Ich bin hart, aber gerecht, zu jedem einzelnen von euch. Es gibt keine Kompromisse. Ich bin der Skipper. Ich bin der Hüter der Herde, der Führer. Liebt mich! Ich bin euer Skipper!
Neben Siggi stand Gundi. Gundi war Siggis Gundi. Sie beherrschte perfekt diesen penetranten Augenaufschlag, den Was-bist-du-toll-Gebieter-Blick, den außer ihr nur Nancy Reagan je so beherrscht hatte, reserviert für ihren Präsidenten der Vereinigten Staaten, insbesondere dann, wenn er vom Reich des Bösen sprach. Nancy und Gundi, zwei Schwestern im Geiste, wenn es den denn gab, zumindest aber zwei Schwestern mit gleichem Gesichtsausdruck. Nur über das Reich des Bösen hatte Gundi noch nicht entschieden. Sie wartete ab, was Siggi dazu meinte.
Siggi und Gundi waren das Skipperteam. Der Meister mit seinem

Feudel! Das konnte heiter werden. Wenn dies nicht die Wirklichkeit gewesen wäre, hätte man an die Schöpfung eines Karikaturisten denken können.

Um die beiden herum lungerte die Crew, war mit deutlichem räumlichem Abstand aufgestellt, wartete ab. Niemand wagte den imaginären Kreis um Siggi und Gundi zu durchbrechen. Rudimentäre Verhaltensregeln sind mächtig. Sie trotzen jeder Aufklärung. Das Rudel unterwarf sich bedingungslos dem Alpha-Tier, ohne dass bisher eine Prüfung oder Qualifikation stattgefunden hätte. Anschauungsmaterial für Charakterprägung durch mitteleuropäische Pädagogik, die es vor allem darauf anlegt, Selbstkontroll- und Unterwerfungsmechanismen einzupflanzen und selbst dann noch erfolgreich bleibt, wenn das Haupthaar schon allmählich ergraut.

Mit unbeholfenen Kalauern wurde zaghaft versucht, die Selbstachtung zu wahren. Ein Spaß kann Verkrampfungen lösen, doch vor der Quittierung durch Lachen half ein verstohlener Kontrollblick auf Siggi, um festzustellen, ob Lachen überhaupt erwünscht war. Ein Witz ist nur ein Witz, wenn der Chef sagt, dass es ein Witz ist. Anderenfalls musste ein schnelles Ablenkungsmanöver her, ein Übersprung, der die Würde so eben noch wahrte. Das fachmännische Mustern der Verklicker der Nachbarschiffe gehörte dazu, das bot sich hier an. Die Begutachtung brachte zwar keine wesentlichen seemännischen Informationen, aber sie half dennoch, die eigene Verkrampfung zu ertragen.

Crew und Skipperteam sahen sich hier auf dem Steg der Falmouth Yacht Marina zum ersten Mal. Da waren Wolf, Dr. Gerd, Sylvia und Andy, eine bunt gemischte Vier-Personen-Crew. Niemand kannte jemanden. Neugier und Beklemmung rangen um Vorherrschaft. Von allen wirkte Andy am entspanntesten. Sie ließ die Mundwinkel nur sinken, wenn sie jemand mit ihrem Geburtsnamen Andrea ansprach. Manchmal sind es die unscheinbaren Feinheiten, die Komplikationen in die Kommunikation bringen.

„Ich heiße Andy", hatte sie sich vorgestellt.

„Was sagt dir denn die Tonne da drüben, 40 Meter vor dem Tankstellenanleger?" Siggi deutete mit dem Kopf in südöstlicher Richtung.

„Kennst du dich mit Seezeichen aus, Andrea?"

„Nenn mich doch einfach Andy", sagte Andrea.

„Kardinalszeichen!" Gundi reckte den Kopf um besser über die Aufbauten der anderen Schiffe sehen zu können, drängte sich vor, hüpfte dabei wie ein Teletubby. „Östliche Gefahrentonne!"
Siggi nickte. „Das ist Basiswissen."
Und genau das war das Stichwort: Basiswissen. Deshalb waren sie alle hier. Das Inserat in der Seglerzeitschrift hatte ein breites Erfahrungsspektrum versprochen: Vertiefung seemännischer Kenntnisse, Tidennavigation, Radarausbildung, Skipper-Training, Seemeilennachweise für die nächste Führerscheinprüfung. Fünf Tage Ausbildungs- und Erlebnistörn sollten es sein, mit Siggi und Gundi. Der Törn startete in Landsend, Südwestengland, Ziel war Guernsey, eine der Kanalinseln.
Erlebnistörn! Von Spaß hatte nichts im Inserat gestanden.
Eine professionelle Telefonverkäuferin hatte sich unter der angegebenen Nummer gemeldet. Vorkasse per Kreditkarte wurde vereinbart, die Anreise musste selbst organisiert werden. Das angekündigte Kennenlernen, ein paar Wochen vorher, war ausgefallen. Terminliche Probleme. Der Skipper war ein gefragter Mann. Erstes Treffen sollte pünktlich und abreisebereit direkt am Steg sein, am Liegeplatz der *El Animado*.
Und jetzt standen sie hier. Und jetzt rätselten sie.
„*El Animado*? Was, zum Teufel, bedeutet *El Animado*?"
„'Der Herzliche' oder 'Der Liebliche' vielleicht", schlug Dr. Gerd vor.
„Spricht einer von euch spanisch?"
„Oder 'Die Liebliche'?", meinte Wolf. Das war seine Art von Traumabewältigung. Wolf war frisch geschieden. Segeln als therapeutisches Leben. „Schöne Schiffe sind immer weiblich", sagte er.
„Kriegsschiffe aber nicht", sagte Andy. „Die heißen *Mölders* oder *Bayern* oder *Seeadler* oder *Frettchen* oder sonst wie gefährlich."
„Die *Flugzeugträger*", sagte Wolf. „Einzahl, kein Plural!" Er wartete vergebliche auf Lacher. „Ich lande gern auf der *Flugzeugträger*..."
Wolf sah ein, dass es nach dieser schwachen Einlage besser war, zu schweigen und stattdessen mal wieder die Verklicker der anderen Segelschiffe zu mustern. Er vergrub die Hände in den Hosentaschen, blickte nach oben, pfiff tonlos ein Lied.
„Schluss jetzt!", sagte Siggi.
„Kojen-Verteilung!", sang Gundi fröhlich und klatschte in die Hände wie ein Zirkusseehund mit den Flossen vor der Fütterung. „Auf geht´s."

Die Steuerbordkajüte achtern war die Skipperkabine, war für Siggi und Gundi reserviert. Es war die einzige Kajüte mit separater Toilette. Es ist dem Skipper nicht zuzumuten, die Nasszelle mit der Allgemeinheit zu teilen. Wegen der Verantwortung. Keine Diskussion. Die danebenliegende Backbordkajüte sollten sich Sylvia und Andy teilen, die beiden Kojen der Bugkabine waren für Wolf und Dr. Gerd vorgesehen.

„Ein anderes geschlechtliches Mischungsverhältnis wäre vielleicht auch ganz interessant", sagte Wolf. „Wegen der sozialen und gruppendynamischen Interferenz." Er zwinkerte Sylvia zu.

Niemand hörte auf ihn, niemand beachtete ihn. Das war schon vor der Scheidung Wolfs Problem gewesen und das Problem war seither noch nicht gelöst worden.

Dr. Gerd warf seinen Seesack auf die ihm zugeteilte Koje und setzte sich an den Navitisch. Er aktivierte das Radargerät und spielte am Bedienpanel.

„Gibt es an diesem Modell eine adaptive Störunterdrückung?", fragte er.

„Nach so etwas suche ich schon mein Leben lang", sagte Andy.

„Ich meine, gibt es hier eine automatisch angepasste Störunterdrückung?", fragte Dr. Gerd. „Anticlutter auto?"

„Eben. - Genau das meine ich auch", sagte Andy.

„Ohne Einweisung werden die Geräte nicht bedient", sagte Siggi.

„Finger weg!", sagte Gundi.

„Wann ist denn die Einweisung?", fragte Sylvia.

„Das bestimmt der Skipper", sagte Gundi.

Der Himmel verdunkelte sich und der Wind nahm zu. Die *El Animado* zerrte in ihrer Box an den Festmachern, bedrängt von kühler Atlantikluft, die Fallen klopften gegen den Mast. Nur unter Deck war es gemütlich. Die Standheizung brummte, wohlige Luft verdrängte die klamme Kälte und verteilte dezenten Duft nach warmen Diesel.

Die Crew saß gemeinsam um den Kajüttisch. Vor ihnen standen Teller, auf denen die Reste der Spaghettisoße allmählich antrockneten.

„Hat einer von euch schon Segelerfahrung?", fragte Siggi.

„Erfahrung ja – segeln nein", sagte Wolf. Er grinste in die Runde. Er grinste als einziger.

„Ich bin bisher sehr viel Jolle gesegelt", sagte Sylvia. „Auf Binnenseen."

„Siggi meint aber den Ozean", sagte Gundi. „Das große Wasser."
„Der Törn war als Skippertraining für alle ausgeschrieben", sagte Dr. Gerd. „Besondere Vorkenntnisse wurden nicht vorausgesetzt."
Siggi nickte.
„Das ist richtig", sagte er. „Bei mir werdet ihr alles lernen, was ihr braucht. Nach dieser Woche wird die Segelwelt für euch eine andere sein."
„Darauf bin ich gespannt", sagte Andy.
„Eine andere Welt haben mir schon viele versprochen", sagte Sylvia.
„Und dann, ganz unerwartet, steht mit einem Mal der Richtige vor dir", sagte Wolf.
„Siggi war früher mal Prüfer für Sportbootführerscheine", erzählte Gundi. „Er kennt sich mit allem aus, was mit Segeln zu tun hat."
„Na ja…", sagte Siggi.
„Doch, doch, mit allem", sagte Gundi. „In einer Prüfung hat Siggi einmal aus Versehen anstatt des Prüfungsbogens des Bewerbers die vorbereiteten Musterlösungen korrigiert. Also nicht die Arbeit des Prüflings, sondern die Korrekturhilfen für die Kommission. Er war so auf seine Aufgabe konzentriert, dass er gar nicht gemerkt hat, dass die Antworten gedruckt und nicht handgeschrieben waren."
„Lass gut sein, Mausi", sagte Siggi.
„Und dann hat er dort jede Menge Fehler entdeckt und rot markiert", sagte Gundi. „Das war eine ganz tolle Leistung."
„Haben die Musterlösungen danach die Prüfung wenigstens bestanden?" fragte Andy.
Wolf lachte. Er lachte laut, viel zu laut.
„Ich denke, Andrea fängt heute mal mit dem Abwasch an", sagte Siggi.
„Ich helfe gern", sagte Wolf.
Andy verzog das Gesicht.
„Wie war das denn jetzt mit der automatischen Störunterdrückung?", fragte sie.

Das Wetter ließ es nicht zu, dass sich die Crew behutsam an das Leben auf dem Wasser gewöhnen konnte. Mit sechs bis sieben Beauforts kachelte der Südwestwind in den frühen Morgenstunden kurze, harte Wellen gegen den nach West setzenden Tidenstrom. Die von weit aus dem Atlantik heranrollenden Wogen drängten sich in den engen Trichter des englischen Kanals, türmten sich gegen die entgegenfließenden Wassermassen auf und sorgten für ein konfuses Wellenbild.

Die *El Animado* lief trotzdem aus.

„Ich zeige euch, wie Seefahrt geht", sagte Siggi. Er zog sich die Kapuze des Seeparkers tief in die Stirn und stellte sich hinter das Ruder.

„Siggi kann das", sagte Gundi.

Sobald das Schiff den schützenden Hafen verlassen hatte, hämmerten die Wellen gegen den Rumpf und stürzten ihn brutal von den Kämmen in die Wellentäler. Der flache Rumpf klatschte auf das Wasser, das Rigg dröhnte. In Wanten und Stagen spielte der Wind ein schrilles Harfenkonzert.

Sylvia kniete von Anfang an in Lee auf der Sitzducht im Cockpit und hielt den Kopf über die Reling. Ihr Körper krümmte sich konvulsivisch. Andy hatte sie zunächst noch an der Kleidung festgehalten, pickte dann aber ihren Lifebelt an einem festen Decksauge der Steuersäule ein.

„Jollensegler!", sagte Siggi.

„Und jetzt geht's raus aufs Meer", sang Gundi.

Dr. Gerd saß zum Schutz vor der überkommenden Gischt unter der Sprayhood, duckte sich unter die Plane und hielt die Arme vor der Brust verschränkt. Es sah aus, als ob er sich selbst festhalten wollte.

„Es fehlen Tochteranzeigen von Radar und Plotter im Cockpit", sagte Dr. Gerd. „Das ist ein Mangel. Bei so einem Wetter ist es nicht zumutbar, zur Kontrolle immer nach unten zum Navitisch laufen zu müssen."

Siggi stand am Ruder, glich den wilden Wellentanz des Schiffes mit leichten Hüftbewegungen aus und wischte sich das fliegende Salzwasser aus dem Gesicht.

„Echtes Segeln geht auch ohne Instrumente", sagte er. „Die alten Salzbuckel hatten früher auch keinen Plotter und sie sind trotzdem losgefahren und trotzdem irgendwo angekommen. Ich brauche kein Radar und ich brauche keine Elektronik."

„Du liegst gut auf Kurs", sagte Gundi. Sie stand im Niedergang, huschte von da aus immer wieder nach unten zum Navitisch und überprüfte Position und die Routenaufzeichnung auf dem Bildschirm der digitalen Seekarte.

„Aber du brauchst deine Gundi", sagte Andy.

„Ich helfe doch gern", sagte Gundi.

Wolf lag unter Deck. Er hatte seit der Abfahrt seine Koje noch nicht verlassen.
„Ich ruhe mich aus für die Nachtfahrt", hatte Wolf erklärt. „Ich schone meine Kraft für die richtig harte Wache." Er war liegengeblieben. Niemand vermisste ihn.

Sie banden das zweite Reff ein, als die ersten wirklich bösen Böen mit acht Beauforts über das Rigg herfielen. Gesichert an einer Lifeline verließ Andy das Cockpit, kämpfte sich auf den Knien durch das überkommende Wasser zum Mast vor und pickte das Segelauge am Lümmelbeschlag ein.
Dr. Gerd bediente das Fall und die Reffleine vom Cockpit aus, gut geschützt durch die Sprayhood.
Siggi kontrollierte das Ruder, gab Anweisungen.
Gundi blieb im Niedergang.
„Soll ich helfen?", fragte Gundi.
„Bleib auf stand by, Mausi", sagte Siggi. „Ich habe alles im Griff."

Wolfs Gesicht tauchte im Niedergang auf, als sich der trübe westliche Horizont immer stärker pigmentierte und das Sturmgrau des Tages vom Sturmschwarz der Nacht überlagert wurde. In dem Maße, in dem sich der Himmel verdunkelte, wurden Wolfs Gesicht und Lippen blasser.
Sylvia verließ endlich ihre Relingsposition, kroch zurück und hockte sich auf den Cockpitboden. Ihre Kleidung war durchnässt. Sie fröstelte. Andy reichte ihr eine Flasche Mineralwasser. Sylvia spülte ihren Mund aus und wischte sich über das Gesicht.
„Überstanden?", fragte Andy.
Sylvia nickte. Es gelang ihr schon wieder, zu lächeln.
Wolf sah die schlecht verdauten, rot-beigen Spuren von Spaghetti Bolognese, die im Brustbereich auf Sylvias blauweißem Seeparka klebten.
„Ist dir schlecht, Sylvia oder habt ihr zu Hause geschlachtet?", fragte er.
Er hatte keine Zeit, sein Grinsen zu kultivieren oder auf Applaus für diese Bemerkung zu warten. Die halbvolle PET-Wasserflasche traf ihn gut gezielt an der Stirn. Wolfs Gesicht verschwand wieder im Dämmerlicht der Kajüte.

„Du hast es überstanden", sagte Andy. Sie wischte Sylvia mit einem Taschentuch über die schweißnasse, kalte Stirn. „Du bist auf dem richtigen Weg."
„Alle auf Position!", sagte Siggi. „Jetzt keine Rauferei."
„Das ist eine klare Ansage", sagte Gundi.
„Welche Position meinst du", fragte Andy.
„Stand by!", sagte Siggi. „Alle auf stand by!"

Das Wetter war nicht großzügig. Gegen 21 Uhr kniete Dr. Gerd auf der Sitzducht und hielt den Kopf über die Reling. Fünf Minuten später waren aus dem Schiffsinneren, aus der Richtung von Wolfs Bugkoje, Würgegeräusche zu hören. Ein säuerlicher Geruch stieg aus dem Niedergang auf.
Siggi stand jetzt seit über fünf Stunden am Ruder. Er gähnte unkontrolliert. Seine Lippen waren blass, seine Augen vom Salzwasser gerötet. Er zitterte.
„Soll ich dich ablösen?", fragte Andy.
Siggi schüttelte wortlos den Kopf.
„Er allein hat die Verantwortung", sagte Gundi. „Für die gesamte Mannschaft."
„Es ist alles in Ordnung, Mausi", sagte Siggi.
„Seht ihr?", sagte Gundi, „Siggi kann das."
Sie sahen, dass sich Siggi plötzlich seitlich vom Ruder wegbeugte, das Ruder nur noch mit der linken Hand hielt und sich mit der rechten Hand auf dem obersten Relingsdraht abstützte. Sein Körper verkrampfte sich. Die *El Animado* lief aus dem Kurs, schoss mit dem Bug in den Wind. Das drucklose Segeltuch knallte wie Kutscherpeitschen. Das Schiff bäumte sich ohne Fahrt in den Wellen auf.
„Was ist los?", fragte Dr. Gerd und ließ sich zurück ins Cockpit fallen. In seinen Augen glänzte Panik. Speichelfäden liefen aus seinen Mundwinkeln.
„Jetzt kotzt mein Skipper", sagte Gundi. Sie sagte es voll demütiger Achtung. Sie hielt die Hände gefaltet.
„Siggi kann das", sagte Andy.
„Alles in Ordnung, Mausi", sagte Siggi. Er sprach leise, nuschelnd, war kaum noch zu verstehen. Er legte Ruder, fiel ab, stabilisierte den Kurs, ging wieder hoch an den Wind. Auf seiner Stirn stand kalter Schweiß, vermischte sich mit der fliegenden Gischt, die der stamp-

fende Bug aus den Wellenbergen stieß. Als eine neue Böe das Schiff auf die Seite legte, knickten seine Knie ein. Er rutschte aus, verlor den Halt, stürzte mit der Hüfte gegen die Süllkante. Er ließ das Ruder los und beugte sich wieder über die Reling.

„Alles in Ordnung, Mausi", sagte Siggi. Er sagte es nach unten gegen das schäumende, schwarze Wasser. Er sagte es mit alter, eigentlich schon abgeschriebener Spaghetti Bolognese auf der Zunge.

Andy griff ins Ruder, drehte zurück, verhinderte, dass die *El Animado* steuerlos anluvte.

„Was ist mit dir, Siggi?", fragte Gundi.

„Alles in Ordnung, Mausi", sagte Siggi. „Fünf Minuten Pause."

Er taumelte durch das Cockpit, drängte Gundi im Niedergang grob zur Seite, verschwand unter Deck, fiel auf seine Koje.

Andy stellte sich hinter das Steuer.

„Klar zur Wende", sagte sie.

Sylvia rappelte sich auf, klarierte die Fockschoten, die in einem wilden Wuhling auf dem Cockpitboden lagen.

„Klar!", sagte Sylvia.

„Darfst du das?", fragte Dr. Gerd.

Andy brachte den Bug durch den Wind, fiel weiter ab und ging auf Gegenkurs. Der Wind fiel jetzt achterlicher ein und sofort lag das Schiff ruhiger in der Welle.

„Was hast du vor, Andrea?", fragte Gundi. „Das hat Siggi nicht erlaubt."

„Andy kann das", sagte Andy. „Und Andy macht das."

Sie nahm Kurs zurück auf Falmouth.

„Alles in Ordnung, Mausi", sagte Sylvia.

Die *El Animado* erreichte die Falmouth Yacht Marina in den frühen Morgenstunden. Andy steuerte das Schiff unter Maschine in die Box. Sylvia hatte die Festmacher schon klariert, sprang auf den Steg, belegte die Luv-Leinen auf den Klampen, dann die in Lee. Dr. Gerd saß mit verschränkten Armen im Cockpit und sah dabei zu. Wolf war noch nicht wieder aus seiner Koje aufgetaucht, aber noch immer hatte ihn niemand vermisst. Gundi stand im Niedergang und beschrieb ihrem Siggi unter Deck, was oben an Deck passierte.

„Es war ein lehrreicher Törn", sagte Andy und schulterte ihre Reisetasche, die sie bisher noch nicht ausgepackt hatte. „Aber die Welt hat sich trotzdem nicht verändert."

„Da müssen wir uns wohl in dieser Welt zurechtfinden", sagte Sylvia

„Gebucht war ein Skippertraining", sagte Dr. Gerd. „Das ist noch nicht zu Ende."

„Aber du hast schon etwas Wichtiges gelernt", sagte Andy. „Deine Frage ist beantwortet: Es gibt keine adaptive Störunterdrückung. Es gibt keine Enttrübung, die zuverlässig aus sich selbst heraus aktiv ist. Alles muss von Hand eingestellt werden. Es gibt nur einen manuellen Anticlutter, keinen Automatismus! Man muss jede Unzulänglichkeit selbst und aktiv angehen. So ist das Leben."

Andy und Sylvia verließen die *El Animado*, gingen Hand in Hand über den Steg zurück an Land. Erst jetzt kletterte Siggi aus seiner Kajüte, stieg den Niedergang hoch ins Cockpit, sah den beiden nach.

„Und was jetzt?", fragte Gundi.

„Alles in Ordnung, Mausi", sagte Siggi. „Es ist alles in Ordnung."

Circo

Das ist so: Wenn der Mensch stirbt, vermählt sich sein Körper mit der Luft, dem Boden, den Korallen und der Brandung des Meeres. Er unterwirft sich der Mystik Kuna Yalas*, die von alter Weisheit durchstrahlt ist, von der Erde selbst geboren und vom Meer gezeugt und die die Dule** leitet, so lange sie leben.
Wenn der Mensch stirbt, endet er nach den Gesetzen des großen Oktopus, wird wieder Teil der Urkraft und verliert sich im Ganzen.
Nur die Seele lebt weiter.
Die Seele des Menschen lebt in den Körpern seiner Hunde weiter. Jetzt kann sie vollenden, was zu vollenden ist. Sie kann rächen und strafen und Dinge tun, die ihr im Menschen noch verwehrt waren. Sie wird es tun. Sie ist jetzt wild und frei und losgelöst von allen menschlichen Regeln, so wie die Hunde selbst frei und losgelöst und nur den Geboten des Rudels unterworfen sind.
Erst wenn der Hund stirbt, stirbt auch die Seele des Menschen.
Es ist gut, den Hund zu meiden, wenn der Besitzer stirbt und du nicht

---

*   Kuna Yala - früher San Blas Inseln, halbautonome Inselgruppe nördlich vor Panama; Bewohner sind die Kuna-Indianer
**   Dule – Mensch; so nennen sich die Kuna Indianer selbst

sein Freund warst. Es ist gut, den Hund zu meiden, wenn du nicht alle Rechnungen bezahlt hast.

*

Die Tiere im Kosmos der Riffe, die Inseln mit ihren Bäumen und Sträuchern und mit sämtlichen Früchten gehören den Familien gemeinsam. Es ist für alle genug zum Leben da und jeder darf nehmen, was nötig ist, ohne zu fragen. Nur der, der mehr nimmt, als er braucht, weil er auf den Märkten von Panama City damit handeln will, um Geld für sich allein anzuhäufen, der muss bezahlen.
Héctor, der Saila*, sorgt für Gerechtigkeit auf Miadialidup. Wer Kokosnüsse gesammelt oder Bananen auf einer der kleinen Nachbarinseln geschnitten hat, fährt mit seinem Ulu** zum Steg des Dorfes, auf dem schon Eduardo, der *asistente* des Sailas, wartet, und zeigt ihm, was er in seinem Ulu zurückbringt, was geerntet worden ist. Eduardo hat ein gutes Auge und er hat großes Wissen über die Familien. Aber er hat kein großes Herz. Das ist nützlich, denn ohne großes Herz ist Eduardo gerecht.
Eduardo ist selbst dann gerecht, wenn man ihm ein Huhn schenkt.
Er sagt nichts, wenn die Ernte im Ulu für die Familie ausreichend ist. Aber wenn dort mehr Kokosnüsse oder Mangos liegen oder mehr Holz für die Hütten, mehr als die Familie selbst verbrauchen könnte, gibt er ein Zeichen und der Bruder im Ulu muss den Überschuss bezahlen. Das Huhn wird dabei angerechnet. Das ist ein Vorteil, aber auch das ist gerecht.
Geschäfte nach außen, ohne Abgaben, sind allein dem Saila erlaubt, denn nur der Saila sieht das Gemeinwohl; weiß, wann es ausreichend Überschüsse gibt, die auf den Märkten und Straßen von Panama City verkauft werden können. Er weiß es, weil es ihm sein *asistente* angezeigt hat. Der *asistente* hat den Überblick. Dann nickt der Saila in seiner *hamaca**** und der *asistente* fährt mit den Waren in die Hauptstadt und verkauft für den Saila, weil der Saila der Saila ist und

---

*   Saila – Chief; traditioneller politischer und spiritueller Führer eines Kuna-Dorfes

**   Ulu – hölzernes Kanu, aus einem einzigen Stamm geschlagen; Einbaum

***   *hamaca* – Hängematte

kein Händler und weil der Saila als Saila in der *hamaca* im *congreso**
des Dorfes liegen muss.
So ist die Pflicht des Sailas und so ist die Pflicht des *asistente*. Der
asistente sorgt für die Einhaltung der Pflichten. Er kennt die Regeln
der Tradition.
Das Schaukeln in der *hamaca* ist heilig. Nur dort vollzieht sich die
Vereinigung zwischen den drei mächtigen Einheiten, dem großem
Geist, der Mutter Erde und dem menschlichen Wesen. Der Saila ist
Mittler zwischen diesen Mächten. Er muss in der *hamaca* liegen
und schaukeln und darüber nachdenken, wie die Tradition bewahrt
werden kann. Denn nur die Tradition schenkt den Indianern in Kuna
Yala Leben, nur die Tradition sichert ihre Zukunft, nur die Tradition
gewährt dem Saila die heilige Ruhe in der *hamaca*, die er braucht,
um die Tradition bewahren zu können.
Es ist eine große Verantwortung, die der Saila in seiner Hängematte
trägt. Oft ist er erschöpft und oft wirkt er so, als ob er schliefe. Aber
es scheint nur so. Der Saila ist immer wach, auch dann, wenn er
die Augen geschlossen hält und auch, wenn er schwer atmet, gerade
dann, denn dann denkt er über die Regeln der Überlieferung nach
und die Bräuche und den Erhalt der Tradition. Der große Geist hilft
ihm dabei und auch Eduardo, der *asistente*.
Das Leben auf Miadialidup ist ausgeglichen. Die Familien leben gut
und bekommen Kinder und deren Kinder bekommen Kinder und die
Alten vermählen sich wieder mit der Luft, dem Boden, den Korallen
und der Brandung des Meeres.
Die Bevölkerung wächst nicht und wird nicht weniger. Die Inseln,
die Bäume und Sträucher und Riffe werden auch nicht weniger und
werden nicht mehr und sie versorgen die Familien, so wie sie sind.
Die Dule leben miteinander, heiraten untereinander und die Tradition seit Nele Kantule** verbietet es, dass Fremde sich den Familien
anschließen und sich mit deren Mitgliedern vermischen.
Wer eine Fremde heiratet, ist kein Kuna mehr und muss die Inseln
verlassen, ebenso die Frau, die einen Fremden in ihre Hütte führt.
Die Familien bleiben unter sich, wie es das Gesetz vorschreibt.
Manchmal werden Kinder geboren, deren Haut blass ist, deren Haare

---

*   *congreso* – Versammlungsraum in der Dorfmitte, eine Art Parlament
** Nele Kantule – 1868-1944, Heiler, Spiritist und Führer der Kuna

weiß und die mit rötlichen Augen lächeln. Diese Kinder dürfen nicht in die Sonne gehen, verbringen die Tage in den Hütten und spielen nur nachts auf den Wegen, wenn alle anderen schon schlafen. Es sind die Kinder des Mondes. Sie sind ein Geschenk des großen Geistes und sie werden verehrt, wie die Tradition es verlangt.
So ist es seit vielen Jahrzehnten, seit der großen Revolution von 1925[*]. Es ist unverändert so und es ist gut so.
Wenn ein Saila alt ist und stirbt, sich wieder einreiht in die *circulación de la naturaleza*, wird sein Hut weitergegeben an seinen Sohn und der Sohn setzt den Hut auf und wird neuer Saila. Der *asistente* dient dem neuen Saila bis auch der *asistente* stirbt und wenn der *asistente* stirbt, wird der Sohn des *asistente* neuer *asistente* des Sailas.
Nichts verändert sich, weil der Saila dafür sorgt, dass bleibt, was ist und was war.

Da ist es etwas Neues, dass Eduardo am Tag der Überraschung vor der großen Versammlung im *congreso* erklärt, Héctor, der Saila, habe auf Anweisung des großen Geistes beschlossen, dass alle Familien Miadialidup verlassen müssten, um auf ihre benachbarte Kokosnussinsel Sukledup umzusiedeln.
Ein Raunen geht durch die Versammlung und viele scharren mit nackten Füßen im Sand. Es gibt Einwände und Fragen und der Saila nickt nur in seiner *hamaca* und schaukelt. Eduardo erklärt das Nicken des Sailas und die Pläne des großen Geistes, der die Kuna liebt, und zum Beweis erhöht er die Quote, die die Familien zum eigenen Verbrauch auf allen Inseln ernten und sammeln dürfen.
Da ist die große Versammlung einverstanden.
Zwei Monde später haben alle Familien Miadialidup verlassen. Sie fühlen sich wohl auf Sukledup, sind nun viel öfter als früher in Panama City auf den Märkten und vor ihren neuen Hütten auf Sukledup stehen rote Satellitenschüsseln und hinter den Hütten knattern Dieselgeneratoren. Die Kinder des Mondes sind jetzt nicht

---

[*] Aufstand der Kuna-Indianer gegen die panamaische Regierung, mit dem sie die Unabhängigkeit der San Blas Inseln von Panama erreichen wollten. Am Ende errangen die Kuna die Verwaltungshoheit für ihr Gebiet, unter Anerkennung der politischen Zugehörigkeit zu Panama.

mehr allein in den Nächten auf den Wegen, sondern sitzen mit allen zusammen vor den bunt flimmernden Fenstern zur Welt.

Auf Miadialidup werden neue Hütten gebaut. Sie sind kleiner als die früheren Wohn- und Kochhütten der Familien und sie gleichen einander wie gespiegelte Bilder. Sie stehen in einer Reihe und sie stehen nur am Strand, nicht im Innern der Insel, nicht im Schutz der Palmen. Fremde Kuna, von weit entfernten Inseln im Süden, bauen die Hütten auf und sie bauen anders als die einheimischen Familien bauen. Die Dachsparren werden nicht mit festen Bündeln aus Palmwedeln gedeckt, sondern mit Plastikfolie, die unter einer dünnen Schicht von Palmzweigen versteckt wird. Diese Palmzweige sind auch aus Plastik, werden nicht aus den Palmen der Insel geschnitten. Chinesische Händler bringen die Zweige und Planen von weit her, transportieren sie auf kolumbianischen Booten über das Meer.
Alles hat seine Richtigkeit, auch wenn die Art nicht der Tradition entspricht, denn Eduardo überwacht die fremden Kuna und den Bau und bespricht alles mit dem Saila, der es wissen muss.
Als die Traditionen in frühen Zeiten geboren wurden, gab es noch keine Plastikpalmen. Die Tradition kennt daher die Folien nicht und deshalb ist es weder verboten noch erlaubt, sie zu benutzten. Plastikpalmwedel sind da, das ist so, und alles, was da ist, ist ein Geschenk des großen Geistes und des Oktopus, genau wie die roten Satellitenschüsseln, die Dieselgeneratoren und die Kinder des Mondes.

Als die Mangos reif sind, kommen die Merki[*]. Sie leben für ein paar Tage in den neuen Hütten am Strand, tragen kurze, bunte Hosen und Blütenketten um den Hals. Sie sind interessiert an allem und bezahlen für alles, schenken den Kindern Malstifte und Süßigkeiten und Eduardo erlaubt den Familien, die Merki im Ulu ans Außenriff zum Schnorcheln zu fahren, ihnen Molas[**] und *tulup*[***] zu verkaufen. Die Fremden bezahlen großzügig dafür. Sie geben viel mehr Geld als die Geschäftsleute in Panama City für die Molas geben und wenn die

---

[*]   Merki – Amerikaner
[**] Molas – traditionelles, handgenähtes Motivbild, das Kuna-Frauen auf Brust und Rücken tragen.
[***] *tulup* – Langusten

Fremden genug geschnorchelt und genug gekauft haben, reisen sie wieder ab und ein paar Tage später kommen neue Fremde mit neuen Dollars, mit neuen Malstiften und neuen Süßigkeiten, die wieder schnorcheln und wieder *tulup* und Mola*s* kaufen wollen, gegen Geld.
El Chileno hilft dabei. Er sorgt dafür, dass immer neue Merki Miadialidup besuchen wollen und dass die Hütten nie leer stehen.

El Chileno züchtet Deutsche Schäferhunde in Panama City für die Wachdienste und die Polizeistreifen der Hauptstadt. Die ersten zwei Hunde hat sein Vater vor vielen Jahrzehnten aus Deutschland mitgebracht.
Panama City ist ein Steuerparadies. Die Stadt lebt von den Banken und Bänkern und bewacht werden muss viel. Da sind Deutsche Schäferhunde hochgeschätzt und sie sind wertvoll wie Gold.

El Chileno ist Händler. Er handelt mit Hunden, aber auch mit allem, was es sonst zu kaufen und zu verkaufen oder zu vermitteln gibt. Er handelt mit den Molas, die Eduardo von den Inseln liefert, mit Früchten und mit Hühnern und vermittelt Merki nach Miadialidup.
Sie nennen ihn *El Chileno* und alle wissen Bescheid. Seinen richtigen Namen kennen nur *El Chileno* selbst und vielleicht noch sein Vater. Auch sein Vater hieß schon *El Chileno*, obwohl er aus Deutschland stammt. Als sein Vater in den vierziger Jahren des letzten Jahrhunderts nach Panama zog, nannten ihn alle nur *El Chileno*, wegen des Oberlippenbartes und weil es zu der Zeit leichter war, nicht *El Alemán* zu heißen.

Der *asistente* verbringt viel Zeit auf Miadialidup bei den Fremden, begrüßt sie, wenn sie anreisen, legt ihnen Blütenkränze um den Hals, zeigt ihnen die Hütten und verabschiedet sie, wenn sie wieder abreisen. Immer seltener steht er am Steg, kontrolliert immer weniger die Ernten der Familien, überprüft nicht mehr so genau wie früher, was sie in ihren Ulus von den Nachbarinseln mit nach Hause bringen. Und dann ist eines Tages Charly da, ankert mit seinem Segelboot vor Miadialidup und Charly und Eduardo verstehen sich gut. Sie sitzen jeden Tag viele Stunden auf Miadialidup zusammen, in der Abendsonne, auf Charlys Schiff, trinken Bier und es ist ab dann immer seltener klug, dem *asistente* ein Huhn zu schenken. Es bleibt auch so genug für alle übrig und auch für die Märkte in Panama City. Der große Geist sorgt gut für die Familien auf Sukledup.

Charly ankerte vor Miadialidup, weil er müde war, nach dem langen Schlag von Cartagena, Kolumbien, auf dem Weg nach Cholon zum Panamakanal. Das taten sonst nicht viele Segler. Der Ankergrund ist schlecht. Es gibt scharfkantige Korallenköpfe, Nischen und unklare Löcher auf dem Meeresboden, in denen sich ein Anker unaufholbar verhaken kann. So steht es in den Segelführern und so wird es in den Funkrunden der Segler berichtet.
Charly wagte es trotzdem hier zu ankern. Charly war müde und er dachte praktisch. Falls es Probleme geben sollte, konnte er immer noch tauchen, wenn er ausgeschlafen hatte und den Anker klarieren. Warum sonst hatte er ausreichend Tauchflaschen und einen Kompressor auf seiner *Oportunidad de vida* eingebaut? Zumindest schützt das Außenriff gegen den Schwell des Ozeans und nimmt den Brechern die Kraft. Das ist ein Vorteil. Miadialidup und Sukledup und das Hufeisen namenloser Inselrücken schützen den Ankerplatz wie ein natürlicher Paravent vor dem oft böigen Wind und der Brandung.
Charly ist auf einer Insel in Deutschland aufgewachsen. Die Insel heißt Berlin. Irgendwann war Berlin keine Insel mehr und Charly kein kleines Kind. Mit seiner *Oportunidad de vida* segelte er los, vom Wannsee aus in die Welt, denn die Ufer der Insel seiner Kindheit waren mit einem Mal sehr groß und sehr weit.
Charly liebt die weiten Horizonte, die er als Kind noch vermisst hatte, und er liebt Inseln, Inseln im Meer. Und jetzt ankert er vor Miadialidup.
Charly versteht sich gut mit Eduardo und Eduardo versteht, warum viele Segler Miadialidup meiden.
„Der Korallengrund frisst Anker", sagt Charly. „Die Segler wissen das, erzählen untereinander davon und besuchen lieber die anderen Inseln der Comarça. Die Auswahl ist groß. Es gibt unendlich viele schöne Ankerplätze. Warum sollten sie ausgerechnet hierher segeln und hier ihr Ankergeschirr verlieren?"
„Es gibt nur ein Miadialidup", sagt Eduardo. „Und es gibt selten ein so perfektes Außenriff zum Schnorcheln und zum Tauchen."

„Dann biete ihnen Sicherheit", sagt Charly. „Biete ihnen Mooringbojen, an denen sie ihre Schiffe sicher festmachen können, ohne zu ankern. Dann werden sie kommen und abends werden sie deine Insel besuchen und sie werden dein Dosenbier kaufen."

Das ist der Tag, an dem Charly vom Saila beauftragt wird, Bojenverankerungen aus Beton auf dem Meeresgrund zu bauen. Der *asistente* übermittelt Charly den Auftrag, weil Charly ein Fremder ist, nicht die traditionelle Sprache des Sailas spricht und der Saila Ruhe braucht, um über die Tradition nachzudenken. Aber der große Geist hat es dem Saila aufgetragen und der *asistente* trägt es nun Charly auf.

Es ist das erste Mal in seinem Leben, dass Charly aus Berlin etwas für den großen Geist erledigen soll. Aber er tut das gern. Es ist etwas Neues und er ist noch immer neugierig und er hofft, dass es nicht schaden kann, für den großen Geist zu arbeiten. Und er ist auf den Segen des großen Geistes angewiesen, denn Charly hat kein Recht, in Kuna Yala zu arbeiten.

Charly ist ein Fremder in Kuna Yala, er ist von außen, von einer fremden Insel und er darf nur hier sein und sein Geld lassen, sonst nichts. Er darf kein Geld verdienen. Nur einem Kuna ist es erlaubt, in der Comarça Kuna Yala zu arbeiten. Das ist Gesetz. Das Verbot ist streng, die Bestimmung ist seit der großen Revolution von 1925 Tradition und die Tradition lässt keine Ausnahmen zu. Die Kuna überleben nur, wenn sie unter sich sind, so heißt es und so gilt es über alle Generationen. Die Comarça ist heilig.

Die Tradition weiß nicht, dass Charly einen Tauchkompressor hat und eine Tauchausrüstung. Das hat hier sonst keiner. Charly kann Mooringanker für den Meeresgrund bauen. Er kennt sich aus und das ist ein Vorteil. Die Tradition ist die Tradition und die Gesetze sind die Gesetze, aber ohne Mooringanker gibt es keine Segler, die abends Dosenbier kaufen. Es gibt keine Vorschrift in der heiligen Mystik, die Mooringanker verbietet.

Während Charly Betonquader gießt und taucht und Ketten auf dem Meeresboden verlegt, sieht ihm Eduardo vom Ufer aus zu und spielt mit seinen neuen Welpen. Sie sind ein Geschenk seines Freundes aus Panama City, ein Geschenk von *El Chileno*. *El Chileno* ist mit den Geschäftsverbindungen nach Miadialidup sehr zufrieden. Er hielt es für klug, sich erkenntlich zu zeigen. Das war eine gute Idee. Jetzt ist auch Eduardo zufrieden. Die Welpen sind verspielt und leben frei und glücklich in ihrem neuen Paradies auf Miadialidup.

An einem Tag im November, dem *Dia de Indipendencia*, als die Hunde ein Jahr alt sind, wartet *El Chileno* vergeblich am Rande der großen Triumphparade zur Unabhängigkeit in der City auf seinen Freund Eduardo. Sie sind fest verabredet, um neue Geschäftsideen zu entwickeln, aber Eduardo erscheint nicht.
Auch auf Miadialidup wird Eduardo vermisst. Der Saila ist unruhig in seiner *hamaca*. Eduardo hat vor zwei Tagen seine Hunde auf Miadialidup in den Zwinger gebracht, wie er es immer tut, bevor er verreist, weil es Gäste gibt, die sich von den freilaufenden, wölfischen Schäferhunden bedroht fühlen und ist verschwunden. Jetzt bellen die Hunde und springen an den Zäunen aus Holzstäben hoch und haben kein Futter und kein Wasser.
Erst drei Tage später wird der Überlandbus gefunden, der von Carti aus auf dem einzigen Weg durch den Dschungel von Kuna Yala nach Panama City von einer Schlammlawine in die Schlucht gerissen worden war. Eduardo ist einer der Körper im Bus, die bereit sind, sich wieder mit der Luft, dem Boden, den Korallen und der Brandung des Meeres zu vermählen.

Als die Nachricht von Eduardos Unfall auf Sukledup bekannt wird, fahren die Familien mit ihren Ulus nach Miadialidup, um zu ernten. Sie ernten Stühle und Bänke und Tische und Betten, Küchengeräte, Gasflaschen und Kühlschränke und Plastikfolien und künstliche Palmwedel aus den Hütten. Ihre Ulus sind schwer beladen, als sie zurückkehren und es ist niemand auf dem Steg, der ihre Fracht kontrolliert, weil der *asistente* fehlt und der Saila in seiner *hamaca* schaukelt und die Tradition bewahrt.
Die Familien ernten, bis Charly den Hundezwinger öffnet. Charly hat seine Jugend hinter Mauern verbracht. Seitdem verachtet er Gefängnisse, auch Gefängnisse für Tiere. Er lässt die Hunde frei, lässt sie über die Insel streifen, gibt ihnen Wasser und versorgt sie mit Futter. Die Merki werfen die Blütenketten ins Meer, reisen ab und neue Gäste gibt es nicht, weil die Hütten geplündert sind. Die Hunde sind jetzt die Herrscher auf Miadialidup. Die Insel gehört ihnen allein und Charly ist ihr *asistente*.

Die Familien bleiben auf Sukledup. Sie bleiben unter sich, wie es Tradition ist. Kein Mitglied betritt künftig Miadialidup. Sie wissen die Seele Eduardos in den Hunden und sie wissen, dass Eduardo nie ihr Freund war und dass noch nicht alle Rechnungen bezahlt sind.
Charly stammt aus Berlin. Er hat gelernt, keine Angst vor toten Seelen und Geistern zu haben. Er vermietet die Mooringbojen an vorbeiziehende Segler und verkauft ihnen Dosenbier und Holzkohle zum Grillen von Bonitos.
Charly lebt wieder auf einer Insel, aber auf einer Insel im Meer, umgeben von weiten Horizonten. Es ist jetzt seine eigene Insel. Er wird erst weitersegeln, wenn die Hunde sterben. Noch hat er Zeit. Auf Miadialidup ist er sicher und er ist allein mit den Tieren. Er ist geschützt durch die Lehren der Tradition und die Mystik der Kuna und durch die Seele seines Freundes Eduardo in den Hunden. Sie gewähren ihm die heilige Ruhe, die er braucht, um seine Träume wach leben zu können.

*

Der neue *asistente* des Sailas steht am Steg vor Sukledup und kontrolliert die Beladung der zurückkehrenden Ulus, die Ernten der Familien. Von Miadialidup her schallt manchmal das Bellen der Hunde über das Riff herüber.
In der Hand hält der neue *asistente* ein Huhn.

Nennen wir ihn Volker (3)

1

„Ein Segelschiff muss gelb sein", sagt Volker. „Ein strahlendes Gelb, so wie die Sonne südlich des Äquators strahlt, wenn sie mittags im Norden steht. Alles andere ist langweilig. Weiße Schiffe gibt es genug auf der Welt. Das ist nichts für mich. Ich bin Individualist – und ein Segelschiff muss gelb sein."
Volker segelt schon lange mit einem weißen Schiff, aber er denkt, dass er auf einem gelben Schiff fährt. Zu der Zeit, als Volker seine große Reise plante, da gab es kein Schiff mit gelbem Rumpf auf dem Gebrauchtbootmarkt, keines, das geeignet war für ein Leben auf den Weltmeeren, keines, das Volkers Preisklasse entsprach. Er kaufte ein weißes Schiff und beschloss, den Rumpf nach seinen Wünschen umzulackieren.
„Was Pipi Langstrumpf kann", sagte Volker damals, „das kann Volker schon lange…"
Der Vorsatz blieb ein Vorsatz und auch das Schiff blieb weiß.
Volker taufte sein Schiff *Yellowship*. Das war geschickt. Das war vorsorglich und das war ein erster Schritt. Für den Schriftzug reichte sein Budget damals aus. Heute hat er ein strahlend weißes *Yellowship*.

Volker ist glücklich damit. Und Volker ist stolz. Der Name genügt ihm. Er schenkt ihm alles, was er von einem Schiff erwartet.
Wenn sich Volker vor einem Landfall über Funk bei den Hafenbehörden anmeldet, ruft er:
„Port Control, Port Control – Hier ist die *Yellowship*. – Sie erkennen mich an dem weißen Rumpf…"
Die Hafenbehörden haben nie ein Problem damit, die *Yellowship* zu identifizieren.
„Es gibt nicht viele gelbe Schiffe auf den Meeren", sagt Volker. „Da musst du lange kreuzen und lange suchen."
Volker besteht darauf, dass er sein Schiff selbst im größten und dichtesten und unübersichtlichsten Ankerfeld ohne langes Suchen nach einem Landgang sehr leicht wiederfindet.
„Die *Yellowship* fällt sofort auf", sagt Volker. „Das liegt an der Farbe."
Die *Yellowship* ankert in der Bahia de Naufragio vor Puerto Baquerizo Moreno von San Christóbal auf Galapagos. Die *Yellowship* fällt tatsächlich auf. Sie fällt nicht wegen der Farbe auf, aber der Stacheldraht am Heck ist schon sehr speziell.
Der Stacheldraht ist in großen Schlingen und Buchten ausgebracht wie eine Verschanzung vor einem Schützengraben. Das Bollwerk soll keine Infanteristen abschrecken, es soll die *Yellowship* vor schlechter Natur schützen.
Es gibt gute Natur und es gibt schlechte Natur. Volker kennt den Unterschied. Gute Natur ist ein kleines süßes Vögelchen, das so zutraulich ist, dass es die dargebotenen Brotkrumen aus der Hand pickt, das kleine Köpfchen dabei possierlich dreht und wendet und mit den schwarzen Kugelaugen lieb ausschaut.
Niedlich ist gute Natur.
Wenn sich das flauschige Federknäul anschließend löst und vor dem Davonfliegen weiße ätzende Flecken auf dem Deck hinterlässt, wird es zur schlechten Natur.
„Das ist hinterhältig!", sagt Volker. „Das ist undankbar. Das ist so gemein!"
In diesem Fall kennt Volker keine Großzügigkeit. Sein Vorrat an Geduld ist dann aufgebraucht. Er gesteht den Finken auch keinen darwinistischen Bonus zu, weil sie irgendwann einmal, allein durch ihre Existenz, Einsichten über die Evolution geliefert haben.
„Diese Erkenntnisse haben die Menschheit ja nicht wirklich weiter-

gebracht", sagt Volker. „Die Evolution ist die Evolution und sie wirkt immer ungestört, ganz gleich, ob uns ihre Mechanismen bekannt sind oder nicht. Charles Darwin hat eigentlich nichts Besonderes geliefert", sagt Volker. „Er hat sich Finken angeschaut und verglichen und anschließend hat er Erbsen gezüchtet, mehr nicht. Aber weiße ätzende Kotflecken auf einem gelben Deck, die sind bösartig und die verändern den Lauf der Geschichte."
Volker leidet wirklich dabei und manchmal hat er Tränen in den Augen.
„Null Toleranz", sagt er, „auch wenn das gelbe Deck weiß ist."
Volker bringt bunte Flatterbänder an Vorstag, Wanten und am Großbaum über dem Cockpit an. Sie gleichen der Dekoration für einen Kindergeburtstag. Niemand würde sich wundern, wenn dazu ein Clown am Steuer stehen würde. Aber am Steuer steht Volker. Die Bänder sollen die fliegende schlechte Natur abschrecken. Brotkrumen aus der Hand gibt es schon lange nicht mehr.
Bunte Flatterbänder sind eine Kampfansage an gefährliche Finken, die sich über weißen Decks, die gelb sein könnten, erleichtern wollen. Der Stacheldraht am Heck dagegen ist eine scharfspitzige Barrikade gegen die Seelöwen.
Seelöwen haben auf Galapagos Hausrecht. Das hat sie übermütig und zudringlich werden lassen. Sie lieben die weich geschwungenen, sonnigen Badeplattformen der Ankerlieger, sehen sie als ihre privaten Ruhebänke an und als Urinal. Wenn der richtige Bulle an Bord zu Besuch war, lässt sich in Zukunft das Schiff auch bei tiefster Dunkelheit allein an der Witterung erkennen. Galapagos Lokalbukett! Waschen, Scheuern, Desinfizieren und Parfümieren hilft überhaupt nicht dagegen. Die Seelöwen sind am nächsten Tag wieder zurück und markieren ihre Sonnenbank mit ihrem ureigenen, chemisch und biologisch schwer abbaubaren Odeur neu.
Seelöwen sind schlechte Natur.
Aber nicht immer.
Gestern hat Volker ein Selfie von sich und einem Seelöwenbaby am Strand gepostet. Volker kniete vor dem Heuler, der Kleine liebkoste seine Hand und Volker kraulte dessen Nacken und lächelte dabei. Das war putzig. Das Selfie sollte ein gemeines Neidfoto für die Lieben zu Hause sein. Das Seelöwenbaby war gute Natur, weil es liebenswert und zutraulich und arglos war und weil es Volkers

Zweck erfüllte. Nach dem Fototermin hat sich das Kleine geschüttelt und nassen Sand aus dem Babyfell auf das Display des Smartphones geschleudert. Da war es schlechte Natur. Und Volker lächelte nicht mehr.

Das Leben auf Galapagos ist nicht einfach.
Es gibt jede Menge Seelöwen und unzählige Finken auf Galapagos. Das ist ein harter Test für die Duldsamkeit, von den Schildkröten gar nicht zu reden, die vorsätzlich auf besonders schmalen Landschaftspfaden liegen und dösen und den Wanderer in seinen kurzen Safarishorts zwingen, durch dorniges Randgesträuch und dicht an Kakteen vorbei auszuweichen.
Es gibt viel gute Natur und es gibt viel schlechte Natur auf Galapagos. Die Einteilung ist nicht immer leicht. Es ist eine anstrengende Aufgabe, hier eine gerechte Wertung zu finden. Aber es ist auch schwer, auf einem weißen Schiff zu segeln, dass *Yellowship* heißt. Und ganz nebenbei ist es aufreibend, Volker zu sein.

*

Es ist beschwerlich, mit Volker zusammen zu sein. Es wird besonders schwer, wenn der Alkoholverbrauch der Gäste an Bord der *Yellowship* die mittlere, ortsübliche Tagesdosis deutlich überschreitet. In solchen Situationen erhebt sich in den Gesprächsrunden ein philosophischer Tsunami, auf dessen Wogen allein Volker zu surfen beginnt und seine Zuhörer mit einer Woge ungelöster Fragen überspült. Es gibt kein Entrinnen.
„Das ist so eine Sache, mit der Wahrheit…", sagt Volker. So harmlos fängt es immer an. Wer jetzt noch fliehen kann, sollte in sein Dinghi springen und den Außenborder anreißen, denn schon im nächsten Satz werden die mächtigsten Fragen menschlicher Existenz aufgeworfen. Es sind die Fragen, die bisher kein Philosoph befriedigend beantworten konnte oder wollte und deren ungezähmte Wucht jeden zarten Ansatz von Wohlgefühl zerschlägt, der sich im Cockpit eines im friedlichen Pazifik ankernden Schiffes in milder Abendstimmung bei einem gut gewählten Sundowner einstellen könnte.
„Gibt es eine gelogene Wahrheit?", fragt Volker. „Und was ist wahre Lüge…?"

Volker fragt so etwas und weil niemand antwortet, antwortet er selbst darauf mit neuen Fragen, die auch wieder mit neuen Fragen beantwortet werden und immer so weiter. Seine Gäste finden währenddessen nur Halt an kühlen Mixturen auf Basis C_2H_6O, am klügsten mit einer Konzentration von über vierzig Prozent. Besuche auf der *Yellowship* wären nicht zu ertragen, wenn es keinen Alkohol gäbe und wenn da nicht dieser Kühlschrank wäre...

Auf der *Yellowship* ist ein großer Kühlschrank eingebaut. Es ist der größte Kühlschrank der Bahia. Der Kühlschrank nimmt in der Kajüte die gesamte Breite einer Längskoje ein. Auf die Längskoje kann Volker verzichten. Er ist Einhandsegler. Auf den Kühlschrank verzichtet er nicht.

Und das ist der Deal: Volker stellt den Kühlschrank – seine Gäste bringen die Getränke. Besonders Neuzugänge im Ankerfeld, Segler, die Volker noch nicht kennen, nutzen gern das großzügige Angebot, ihr Bier auf der *Yellowship* kühlen zu dürfen, mit der ergänzenden Aussicht auf einen geselligen Abend unter Segelfreunden. Zu Anfang sind sie alle arglos.

Kühlung frisst Strom. Die gesamte Elektrik auf der *Yellowship* ist auf die Versorgung des Kühlschranks ausgelegt. Solar, Wind- und Dieselgenerator arbeiten ausschließlich für massive thermische Umwandlung. Da bleiben für andere Verbraucher nur wenige Ampere übrig.

Dabei wird das Heck der *Yellowship* von einer beeindruckenden Gerätebrücke überspannt. Hier wachsen die zierlichen Pilze der GPS-Antennen für den Plotter auf einer Edelstahlleiter neben imponierenden Domen für Radar und Satellitenkommunikation. Alles ist doppelt ausgelegt. Volker genießt den Respekt anderer Segler für diese kostspielige, semiprofessionelle Ausrüstung. Er genießt und er erklärt gern die vielfältigen Funktionen und Vorteile seiner Technik. Das ist etwas, was Volker kann: Erklären ist sein Ding. Schließlich ist er als ehemaliger Lehrer genau in dieser Kunst geschult und beherrscht freien Unterricht noch immer, auch wenn er schon seit vielen Jahren mit einem überzeugenden Triumvirat aus Rücken, Burn out und Tinnitus als verbeamteter Frühpensionär komfortabel auf den Weltmeeren unterwegs ist. Er erklärt allerdings selten, dass die Gerätekuppeln hohl und nur Attrappen sind. Denn das geht niemanden etwas an.

Die unsichtbare, innere Technik der Gehäuse ist längst auf Kleinanzeigenplattformen versteigert. Geblieben sind nur die äußeren Hüllen, aber sie werten das Schiff optisch deutlich auf.

„Das sind Kompromisse", erklärt Volker engen Vertrauten. „Kompromisse sind keine Täuschungen."

Wer den größten Kühlschrank des Ankerfeldes mit ausreichender Energie versorgen will, muss auf nutzlose Stromparasiten wie Navigationsinstrumente verzichten. Volker will nicht irritieren. Es gilt, Prioritäten zu setzen.

Die Gäste liefern das Bier, Volker liefert die Kühlung. Beide liefern zuverlässig und das funktioniert. Und Volker liefert gute Musik.

Volkers CD-Sammlung kann selbst dann für einen schönen Abend im Ankerfeld sorgen, wenn die Gespräche schlecht sind. Und die Gespräche sind meistens schlecht. Kühles Bier in ausreichender Menge gleicht dieses kleine Manko locker aus, den Rest schafft dann die Musik. Volkers Musik ist immer gut.

Musik und Kühlschrank! Volker weiß, was Segler brauchen und er weiß das Wissen zu nutzen. Im alten Rom wäre er vermutlich Politiker geworden, aktiver Volksbeschwichtiger, verbunden mit einem lukrativen Senatorenposten.

Oder er wäre Philosoph.

„Da stellt sich wieder die Frage nach der Wahrheit", sagt Volker leider irgendwann und reißt eine der letzten Bierdosen auf, die seine Gäste mitgebracht haben.

„Wann ist Musik mit tiefen Gefühlen wirklich wahr? Nur in dem Augenblick, in dem der Komponist die Musik schreibt, also der Moment, in dem sie ihm wichtig ist, oder auch noch dann, wenn er sie viel später in ausverkauften Hallen immer wieder gegen Geld präsentiert?

Ist Musik zunächst nur neutral und wird sie erst im Ohr des Zuhörers wirklich wahr, tief in seiner Seele, dann wenn seine eigene Melancholie dazu passt?

Oder ist Musik immer nur Lüge, immer nur eine einzige große kommerzielle Täuschung...?"

Die *Yellowship* schaukelt sanft in der nächtlichen Dünung dieser milden Äquatornacht. Am Heck klingelt weihnachtlich der Stacheldraht, die bunten Flatterbänder wehen garnierend in warmer Brise. Volkers Gäste antworten nicht mehr. Sie sind längst im Cockpit eingeschlafen, eingerollt in embryonaler Schutzhaltung. Die Evolution hat dem Menschen sehr wirksame, autogene Überlebensstrategien geschenkt.

2

Lenira hat sich entschieden. Sie zieht San Christóbal auf Galapagos dem unwirtlichen Hochland der ecuadorianischen Anden vor. Dreieinhalb Tage Eselsritt brachten sie aus ihrem Dorf in die Hauptstadt Quito, dreieinhalb Stunden brauchte der Flieger von dort bis Galapagos. Jetzt wohnt sie seit ein paar Tagen bei Volker auf der *Yellowship*. Auf einem Segelschiff hat sie bisher noch nie gewohnt.

Lenira hat eine eigene Wohnung in Puerto Baquerizo Moreno, in der Avenida Charles Darwin, genau über der Kneipe, in der sie als Kellnerin arbeitet. Aber dort wohnen auch ihre Schwester, ihre Freundin aus ihrem Dorf in den Anden und deren Bruder. Die Wohnung für alle besteht nur aus einem einzigen Raum. Da wohnt es sich auf der *Yellowship* bedeutend angenehmer. Auch der Kühlschrank ist hier viel größer. Dass Volker mit *efectivo económico*, mit Bargeld, lebt und nicht mit Kreditkarten wie viele andere Touristen, ist dabei nur ein weiterer interessanter Aspekt.

Abends spielen Lenira und Volker zusammen Poolbillard in einer Bar in der Avenida José de Villamill. Meistens gewinnt Lenira das Spiel, aber Volker sagt, dass er trotz allem eleganter spiele.

„Eleganter und lässiger!"

Das ändert sich, wenn die beiden zurück auf der *Yellowship* sind und in die gemeinsame Koje schlüpfen. Dann sagt Lenira, dass sie jetzt eleganter spiele.

„Eleganter und lässiger!"

„Aber ich gewinne", sagt Volker.

Es ist nicht so, dass Volker nicht verlieren könnte. Aber zur Strafe darf Lenira nicht mehr allein mit seinem Dinghi fahren und den Schlüssel zum Steckschott der *Yellowship* hat er ihr nach der letzten Bemerkung auch wieder abgenommen.

„Das ist die Sache mit der Wahrheit", sagt Volker. „Und mit der Konsequenz aus der Lüge."

Einmal in der Woche telefoniert Volker mit seiner Freundin in Deutschland. Mit seiner Frau, mit der er verheiratet ist, telefoniert Volker selten. Sie weiß nichts von der Freundin, die im gleichen Ort wohnt wie sie selbst und die regelmäßig mit Volker, ihrem Mann, dem Einhandsegler, am anderen Ende der Welt telefoniert. Wenn Volker mit seiner Freundin in Deutschland telefoniert, muss Lenira

auf Galapagos leise sein und darf nicht dazwischen sprechen, weil seine Freundin in Deutschland nichts von der Freundin an jenem Ende der Welt wissen darf, an dem Volker gerade telefoniert.
Lenira lächelt dazu und empfindet das Leben nicht als kompliziert. Im Hochland der Anden lernt man den Überblick.
„Es gibt keine Wahrheit außer der Lüge", sagt Lenira. „Und es gibt keine Lüge außer der Wahrheit."
Volker nickt.
„Und es ist ganz gleich, welche Farbe ein Segelschiff hat", sagt er. „Es muss nur gelb sein."

Franz Kafka

Panama City – Panama.
Ute ruft über VHF Kanal 72:
„Kann es sein, dass irgendjemand von euch ein Paket aus Deutschland erwartet…?"
Ute liegt mit ihrem Schiff an einer Mooring im Balboa Yachtclub. Ganz zufällig hat sie einen Angestellten des Yachtclubs von einer Paketsendung reden hören, die nicht zugestellt werden konnte. Der Paketbote wusste nicht, wie er den adressierten Schiffsnamen aussprechen sollte und hat sich deshalb nicht getraut nachzufragen. Blamieren wollte er sich nicht. Das ist verständlich. Da ist es viel leichter, das Paket mit *destinatario ignoto* zu kennzeichnen und die Sache ist erst einmal vom Tisch und das Gesicht bleibt gewahrt.
So geht das.
Der unaussprechliche Schiffsname lautete *Amygdala*.
Utes Rundruf über Funk ist ein Glücksfall für die Crew der *Amygdala*. Das Boot liegt in Las Brisas de Amador, östlich des Amador Causeways vor der Skyline von Panama City vor Anker. Jetzt wissen Conny und HW, dass ihr in Deutschland bestellter Stromgenerator Panama erreicht haben muss. Das ist eine gute Nachricht für die beiden. 9.540 Kilometer Versandstrecke als Luftlinie aus dem Norden Deutschlands

bis Panama City sind geschafft. Jetzt fehlen noch ganze fünf Kilometer vom Postamt in Panama bis zum Steg auf der Isla Perico und von dort nur eine kurze Dinghifahrt von 200 Metern bis zum Boot. Das ist doch ein Klacks! Das müsste zu regeln sein, in einer modernen, logistisch hochentwickelten Welt.
„Danke Ute, wir lieben dich!"

Die Besatzung der *Amygdala* nimmt ein Taxi. Ute fährt als Dolmetscherin mit. Das ist nur zur Sicherheit, man weiß ja nie. Ute liegt schon lange hier vor Panama, kennt sich aus in der City, kennt die Mentalität der Menschen, kennt auch manche Umwege in der Argumentation, die zu gehen sind, wenn die Kommunikation schwierig wird. Ute kann vielleicht nützlich sein.
Zusammen fahren sie nach Balboa zum offiziellen örtlichen Paketauslieferungspostamt.
„¿Así qué?", fragt der Taxifahrer und stoppt nach fünfzehn Minuten Fahrt vor einem Bretterzaun. „Was wollt ihr hier?"
Die Adresse stimmt, aber das Paketauslieferungspostamt ist eine Ruine, soll von Grund auf renoviert werden. Neueröffnung im Dezember. *Tal vez*. Vielleicht. Wenn alles klappt. Dezember ist in zwei Monaten.
Der Taxifahrer schiebt einen Bauzaun zu Seite und schlendert durch die Ruine, stolpert über Baustahlmatten, stapft durch Sandberge vorbei an Zementsäcken unter Plastikfolien.
„No hay paquetes", sagt er. Taxifahrer haben den Durchblick.
Aber es stimmt, es gibt keine Pakete, es gibt nur einen Wachmann auf der Baustelle. Der Wachmann ist ein freundlicher Wachmann. Er hört sich die Geschichte der *Amygdala*-Crew an und ist zuversichtlich, dass alles gut ausgehen werde. Er kann Segler nicht leiden sehen. Er will trösten. Er hat eine gute Idee. Er kann sich vorstellen, dass im kleinen Postamt in der City eine Paketausgabe eingerichtet wurde, eine Ersatzausgabe. Und wenn nicht, weiß dort vielleicht jemand, wo die Pakete gelagert werden.
„Ich kenne das Postamt", sagt der Taxifahrer. Für ihn ist das heute ein guter Tag.
„Quizá", sagt der Wachmann. „Vielleicht habt ihr Glück. Panama ist nicht groß, Panama-City ist nicht groß, nur 1,5 Millionen Einwohner. Und wenn es hier irgendwo tatsächlich ein Paket aus Deutschland gibt, werdet ihr das schon finden. Sois optimista…"

In Ordnung! Die Crew ist auf Weltumsegelung. Sie ist aus Prinzip optimistisch. Was sonst?

Das Postamt in der City sieht auch aus wie eine Ruine, aber es ist eine ohne Bauzaun und sie ist geöffnet. Hier wird mit Post und Paketen gearbeitet. Das ist gut. Das ist gut, auch wenn das Amt nur aus einem einzigen, etwa acht mal vier Meter großen Raum mit Aktenschränken aus Blech, einer Stellwand quer im Raum und zwei Schreibtischen davor besteht. Auf jeden Fall gibt es drei Angestellte, zwei Männer und eine Frau. Sie wachen hier und arbeiten, sind freundlich, sind ansprechbar und hören sich an, was die Segler wünschen.
„Un paquete de Alemania."
Die Angestellten beratschlagen sich leise. Ab jetzt müssen alle anderen Kunden warten. Zuerst einmal werden die Reisepässe verlangt. Die Pässe werden untersucht, gegen das Licht gehalten, betastet, die Bilder mit den lebendigen Gesichtern verglichen und die Dokumente zurückgegeben.
„¡Okey!"
Das war der erste Schritt. Der erste Schritt war erfolgreich. Ohne einen erfolgreichen ersten Schritt hätte es kein *okey* gegeben, soviel ist klar.
Einer der Angestellten nimmt einen Ordner vom Schreibtisch, blättert, sucht, findet aber nicht, was er sucht, auch nicht das, was die Crew sucht, ist sich vielleicht aber auch gar nicht sicher, was er suchen soll. Hilfreich ist da die Flucht in das internationale Standardprogramm überforderter Dienstleister. Das sieht so aus: Ratlosigkeit im Gesichtsausdruck, Schulterzucken, bedauernde Blicke, traurige Freundlichkeit. Die Angestellten beherrschen ihren Job perfekt.
Ute wird eindringlicher.
„Ein Paket aus Deutschland – de Alemania –, so groß vielleicht…"
Sie deutet die ungefähren Außenmaße an.
„Ah, Alemania… Paquete!"
„¡Sí!"
„¿Paquete?"
„Sí, sí…"
Die Angestellte, eine sehr kluge, sehr erfahrene Frau, geht hinter die Stellwand und schiebt mit den Füßen etwas vor. Da steht es mitten im Raum, mitten auf der Bühne: Ein Paket, ein Paket aus Deutschland

und auf dem Adressaufkleber der gleiche Name wie im Reisepass des Skippers. Das sieht gut aus! Der Absender ist das Versandhaus, bei dem der Generator bestellt wurde. Und dann steht da noch dick und fett in Druckbuchstaben: *SY AMYGDALA*, dieses unaussprechliche Wort.
Treffer!
¡Un paquete de Alemania!
Alle sind glücklich.
Der Skipper muss Dokumente unterschreiben. Es sind viele Dokumente und alle sehen gleich aus und wichtig. Der Inhalt bleibt unverständlich. Was soll's? Der Skipper ist folgsam und zeichnet ab, was man ihm vorlegt.
„¡Aquí! – ¡Aquí! – y ¡Aquí!..."
Der Postmann bepflastert die Papiere mit bunten Stempeln. Manche sind rund, manche viereckig, einer dreieckig. Das sieht professionell aus und amtlich. Aber das Paket darf die Crew danach noch nicht berühren. Sie darf es nur ansehen. Sie darf es aus drei Schritten Entfernung sehnsüchtig ansehen.
Einer der Angestellten, der kräftigste und jüngste von allen, telefoniert, lädt sich dann das *paquete* auf die Schulter. Das Paket ist schwer, aber der junge Mann schafft das leicht. Bewundernswert die Selbstverständlichkeit, mit der Jugend Lasten bewältigt.
Der junge Mann verlässt das Postamt und die Crew folgt ihm. Sie folgt ihm raus aus dem Postamt, durch die Einkaufsmeile, vorbei an Geschäften und Gemüseverkaufsständen, vorbei an Schuhputzern und Bettlern und Passanten in ein anderes Büro, behält das Paket, behält ihr Paket sorgfältig im Blick.
Über der Tür des neuen Büros hängt ein von Hand gemaltes Schild: „Aduana" – Zoll!
Aha!
Jetzt steht das Paket im Büro der Zöllnerin. Es steht in einem Nebenraum, Zutritt nur für befugte Zöllner. Dazu gehört die Crew der *Amygdala* nicht. Sie müssen draußen bleiben, aber durch eine Verkaufsklappe dürfen sie ihr Paket beobachten.
Und sie dürfen die Fragen der Zöllnerin beantworten.
Die Zöllnerin fragt nach dem Inhalt.
„Generador de corriente. – Ein Stromgenerator! Für unser Schiff. Para nuestro barco. – Für die *Amygdala*."

„*Amygdala?*"
„Si, este es el nombre de nuestro barco."
„Ah ... Entiendo."
Die Zöllnerin nimmt ein Messer. Sie schlitzt die Verpackung auf, entfernt das Polstermaterial. Und dann steht er da! Rot und schön und lang erwartet! Er riecht ein wenig nach neu und ein klein wenig nach Öl.
Die Crew sieht ihn zum ersten Mal, ihren Generator!
Die Zöllnerin sieht ihn auch. Sie stellt fest:
„¡Generador!"
„Genau! – ¡Exactamente!" Die Crew nickt eifrig. Sie nickt synchron. Jetzt sind sie endlich auf einer gemeinsamen Linie mit den Behörden von Panama City. Alles wird gut.
Die Zöllnerin fragt nach dem Lieferschein.
„Billete de suministro."
Der Lieferschein! – Ja, der müsste eigentlich außen auf dem Paket aufgeklebt sein. Neben dem Adressfeld. Das war er wohl auch, die Tasche ist noch zu erkennen, aber die Tasche ist leer. Jemand hat die Papiere schon entfernt.
Die Zöllnerin wirkt unglücklich.
Ohne Lieferschein keine Zollfreigabe.
Ohne Zollfreigabe kein Generator.
Sie klappt das Cuttermesser ein.
„¡No!", sagt sie.
Wer Ozeane befahren kann, wird doch nicht an fehlenden Lieferscheinen zerschellen. Die Crew handelt. Sie teilt sich auf. Conny bleibt beim Zoll und bewacht den Generator. Sie sind so dicht vor ihrem Ziel. Nicht aus den Augen lassen!
HW geht zurück durch die Einkaufszone, vorbei an Passanten und Bettlern und Schuhputzern, vorbei an Gemüseverkaufsständen und Geschäften zum Postamt. Die drei Angestellten lächeln ihm entgegen. Man kennt sich schon, ist längst vertraut miteinander.
HW lächelt zurück und fragt nach dem Lieferschein.
„Billete de suministro."
Er löst damit den Mechanismus aus, den er schon kennt.
Zuerst der Reisepass!
Der Pass wird untersucht, gegen das Licht gehalten, betastet, das Bild mit dem lebendigen Gesicht verglichen und das Dokument zu-

rückgegeben. An dem Gesicht hat sich in den letzten zwanzig Minuten nicht viel verändert. Der Pass ist immer noch gültig.
„¡Okey!"
Das war der erste Schritt. Der erste Schritt war erfolgreich. Ohne einen erfolgreichen ersten Schritt hätte es auch diesmal kein *okey* gegeben, soviel ist klar.
Aber dann: Ratlosigkeit im Gesichtsausdruck, Schulterzucken, bedauernde Blicke, traurige Freundlichkeit, das internationale Programm überforderter Dienstleister in Wiederholung – alles wie gehabt.
Einer der drei Angestellten hat dennoch eine Idee und öffnet eine Schreibtischschublade. Ihr Inhalt ist ein wildes Durcheinander von vergilbten Papieren, Schokoriegeln, Zigaretten und Kugelschreibern – aber ein wildes Durcheinander ohne Lieferschein.
Vielleicht doch noch einmal hinter die Stellwand schauen...?
Genau diesen Einfall hat die Angestellte, die schlaue, die erfahrene, die, die auch das Paket schon gefunden hat, zwanzig Minuten vorher – und sie findet das *billete de suministro* tatsächlich! Es liegt auf dem Boden, genau da, wo das Paket gestanden hat. Es muss abgefallen sein. Im Adressfeld steht der gleiche Name wie im Reisepass des Skippers, im Briefkopf prangt das Logo des Versandhauses und dann steht da noch in Großbuchstaben *SY AMYGDALA*, dieses Wort, dass niemand aussprechen kann.
Esto continúa. – Wieder müssen Dokumente unterschrieben werden, viele Dokumente, alle sehen gleich aus, alle wichtig, der Inhalt bleibt unverständlich, was soll's, HW ist folgsam, zeichnet ab, was man ihm vorlegt.
„¡Aquí! - ¡Aquí! - y ¡Aquí!..."
Der Angestellte bepflastert die Papiere mit bunten Stempeln. Manche sind rund, manche viereckig, einer dreieckig. Das sieht professionell aus und amtlich. Aber den Lieferschein darf HW danach nicht mehr berühren. Ein Angestellter, diesmal der ältere und schwächere, weil das Papier ja nicht so schwer ist, telefoniert, nimmt den Schein, den trägt er mit Leichtigkeit, verlässt das Postamt. Der Skipper folgt ihm durch die Einkaufsmeile, vorbei an Geschäften und Gemüseverkaufsständen, vorbei an Schuhputzern und Bettlern und Passanten in ein anderes Büro, zurück zum Zoll, behält das Dokument sorgfältig im Blick.
Conny hat inzwischen gut aufgepasst. Der Generator ist noch da,

auch die Zöllnerin ist noch da und jetzt ist auch der Lieferschein da. Die Zöllnerin studiert das Dokument. Sie studiert lange. Dann telefoniert sie. Sie telefoniert lange. Sie telefoniert, bis der Chef erscheint, der oberste Zöllner, der mit dem weißen Hemd, der eingestickten panamaischen Flagge auf der Brusttasche, der Krawatte und den meisten Sternen auf den Schulterklappen.

Der Chef ist sehr ernst, er grüßt nicht, er ist konzentriert, inspiziert das Paket und inspiziert den Generator und stellt fest:

„¡Generador!"

„Stimmt!" Die Crew nickt eifrig. „¡Exactamente!" Auch der Chef des Zolls ist auf ihrer Seite. Na bitte!

Der Chef studiert den Lieferschein. Er studiert sorgfältig. Dann dreht er sich um und spricht. Er spricht englisch, weil er Chefzöllner ist und studiert hat und weil die Segler Fremde sind.

„Two hundred dollars!"

„¿Cómo? – Sorry? "

„Two hundred dollars or two hundred euros!"

„¿Por qué? ¿Para lo que?" – Wofür?

Ute protestiert mit allem, was ihre Spanischkenntnisse und ihre anerzogene Höflichkeit zulassen. Sie erklärt, dass der Generator zur Schiffsausrüstung gehöre, gar nicht in Panama eingeführt werde, vielmehr das Land zusammen mit der *Amygdala* in wenigen Tagen wieder verlassen werde, Yacht in Transit eben, damit nicht versteuert zu werden brauche.

„¡Ningún derecho de aduana!"

Keine Zollabgabe! Die Crew wolle nur das Paket, sie gäbe keine 200 Dollar!

„¡Definitivamente no!"

Ute ist gut. Ute ist sehr gut. Und Ute ist sehr ärgerlich. Wenn Ute ärgerlich ist, ist Ute immer gut.

Der oberste Zöllner sieht sie an und sagt:

„Then, however, 12,25 dollars."

Das wäre das mindeste, sagt er. 12,25 Dollar müssten es wenigstens sein. Und außerdem dürfe das Paket nur vom zuständigen Zöllner am Hafen an uns ausgehändigt werden, nicht von ihm.

In Ordnung! 12,25 Dollar, einverstanden. Schon 1.600 Prozent gespart! Keine schlechte Quote für 45 Sekunden spanische Schimpftirade.

Aber welcher Zöllner am Hafen ist gemeint, wer ist da zuständig? Es gibt ja gar keinen Hafen, weil die *Amygdala* in der Bucht vor Anker liegt, nicht in einem Hafen. Gibt es einen ausgewiesenen Zöllner für das Ankerfeld?

Niemand weiß das. Die Zöllnerin weiß das nicht und ihr Chef weiß das auch nicht, obwohl er mehr Sterne und mehr Verantwortung auf den Schultern trägt. Der Zoll weiß nicht, wo der Zoll ist.

Aber Ute weiß das. Sie meint sich zu erinnern, dass es auf der Isla Flamenco ein kleines Zollbüro gibt, neben der Flamenco Marina müsste das liegen, unmittelbar neben dem Duty Free Shop, gerade einmal dreihundert Meter Luftlinie vom Ankerplatz der *Amygdala* entfernt. Könnte das die richtige Adresse sein?

„Quizá…"

Dem Chefzöllner gefällt die Lösung. Wir helfen ihm gern. Die Lage entspannt sich.

Die Crew solle zu diesem Zollbüro auf Flamenco fahren, schlägt der Amtsleiter vor, und dort solle sie warten. Das Paket würde recht bald dorthin amtlich nachgeschickt.

„Recht bald?"

„Quizá ya en los días cercanos."

„Erst in den nächsten Tagen?"

„Es la solución. Es el camino." - Das ist die Lösung! Der Chefzöllner lächelt zum ersten Mal.

Der Generator ist nur zwei Meter entfernt. Die Crew kann ihn schon sehen und sie kann ihn sogar riechen. Es ist kein guter Gedanke, ihn jetzt wieder allein zu lassen. Allein hier in Panama City, in dieser kleinen Stadt mit 1,5 Millionen Einwohnern und Zöllnern, die nicht wissen, wo die Zöllner sind.

„Por favor, no…"

Mit großem Einfühlungsvermögen schlägt Ute vor, dass alle gemeinsam, also der Generator, die Besatzung der *Amygdala* und die Zöllnerin als amtliche Aufsichtsperson heute und jetzt sofort mit einem Taxi nach Flamenco fahren. Die Kosten der Fahrt übernähme *Amygdalas* Bordkasse. In Flamenco angekommen, könne uns dann das Paket vom dortigen Zöllner offiziell ausgehändigt werden und dann würden auch dort die 12,25 Dollar bezahlt und alles hätte seine Richtigkeit.

„No, no, no…"

Die Idee ist charmant, aber sie hat einen Haken. Die 12,25 Dollar

müssen sofort bezahlt werden. Da lässt der Zöllner nicht mit sich verhandeln. Hier im Büro müsse bezahlt werden und zwar Cash mit *dinero en efectivo*. Dollar oder Euro, das ist gleich, auch die Summe bleibt gleich, aber Euro sind besser. Die gemeinsame Fahrt ginge danach in Ordnung. Allerdings dürfe niemand von der Crew das Paket auch nur berühren, bevor es der zuständige Zöllner am Hafen offiziell ausgehändigt habe. Das wäre Bedingung.
Einverstanden! Natürlich ist die Crew einverstanden. Große Lösungen verlangen kleine Schritte. Ganz klar. Aber es geht voran. Berühren mit den Händen ist verboten, aber mit den Augen ist es erlaubt. So soll es sein.
Der Skipper zahlt 12,25 Dollar. Eine Quittung gibt es nicht und mit Kleinigkeiten will sich nun niemand mehr aufhalten.
Ute sucht ein Taxi. Sie findet den Fahrer, der die Crew hergebracht hat noch vor dem Postamt. Er hat dort gewartet. Er hat geahnt, dass er noch einmal gebraucht wird. Er ist ein kluger Fahrer und er weiß Bescheid und deshalb ist es heute ein guter Tag für ihn.
Es geht los!
Die Zöllnerin versucht das Paket anzuheben. Nur sie darf das. Sie ist amtlich. Aber so ein Generator hat sein Gewicht. Das war in den Verhandlungen nicht berücksichtigt worden. Die Zöllnerin schüttelt den Kopf. Generatortragen schafft sie nicht. Dazu ist sie nicht ausgebildet und dazu ist sie nicht trainiert. Das schafft sie auch amtlich nicht. Wahrscheinlich wird sie dafür auch nicht bezahlt. Also erhält der Skipper die offizielle, behördliche Ausnahmegenehmigung, das Paket schon jetzt mit den Händen zu berühren, anzuheben und zum Taxi zu tragen.
Es gibt nur eine Bedingung dabei, er darf damit nicht weglaufen. Er darf noch nicht einmal versuchen, damit wegzulaufen.
„Lo prometo. – Versprochen!"
Zum ersten Mal hält der Skipper das Paket in der Hand. Das ist jetzt sein Generator! Ein gutes Gefühl. Ab jetzt wird er ihn niemals mehr loslassen. Im Taxi behält er das Paket auf dem Schoß, lädt ihn nicht in den Kofferraum. Die Zöllnerin sitzt neben ihm. Sie bleibt aufmerksam. Das ist ihr Job.
Über den Amador Causeway erreicht das Taxi nach einen halben Stunde die Halbinsel Flamenco. Ute hatte Recht, im Büro des Hafenmeisters gibt es tatsächlich eine Zollstelle, genau da, wo manchmal

die Kreuzfahrtschiffe anlegen.

Die Hafenzollbesatzung sitzt im Büro und sieht fern, als Ute, Conny, die Zöllnerin aus der Stadt und HW mit dem Generator im Arm das Büro betreten. Es läuft eine tolle, spannende Serie, irgendeine Soap Opera aus Brasilien und dabei können die Segler nur lästig sein.

Die Zöllnerin, die, die mit aus der Stadt hergefahren ist, ist viel klüger und stellt keine Forderungen. Sie setzt sich ebenfalls vor den Bildschirm. Sie bekommt von ihren Kollegen ein Wassereis geschenkt und fühlt sich sofort wohl. Danach kehrt dienstliche Ruhe ein.

Auf dem Bildschirm küsst ein Mann eine Frau und eine zweite Frau schaut böse durch den Spalt einer nur angelehnten Tür dabei zu. Das sieht nach Konflikt aus.

Die Crew der *Amygdala* steht da mit ihrem Paket, die Amtsträger verfolgen die menschlichen Verirrungen der Fernsehgeschichte.

Behutsam und höflich bittet die Crew der *Amygdala* um die offizielle Aushändigung ihres Stromgenerators.

Die Antwort fällt knapp aus:

„12,25 Dollar!"

Déjà vu!

„Wir haben schon bezahlt", sagt Ute

„¡No! 12,25 Dollar!"

„Tenemos ya paga", sagt Ute. „In der City!"

"¿Recibo?"

"Wir haben keine Quittung", sagt Ute. „Aber ihre Kollegin hier kann das bestätigen."

Die Zöllnerin aus der Stadt nickt zwischen zwei Wassereisschleckereien und bestätigt die Aussage. Na, also! Eine ehrliche Zöllnerin. Und eine hilfsbereite. Das gibt es wirklich.

Aber der Flamenco Zöllner ist ein harter Hund.

„12,25 Dollar. ¡Otra vez!"

Es gibt Augenblicke, da kann auch eine ausgeglichene Crew auf Weltumsegelung bockig werden. Die Crew der *Amygdala* bleibt dabei, dass sie schon 12,25 Dollar gezahlt habe.

Die Sache ist verfahren, die Stimmlagen gewinnen an Phonstärke, die Situation wird interessanter. Die Filmmusik im Fernseher steuert auf einen dramatischen Höhepunkt zu, als die Frau im Nebenraum mit einer kostbaren Vase nach dem Liebespaar wirft. Das ist eine gute Idee!

Da öffnet sich die Nebentür des Zollgebäudes und der Chef des Flamenco Zolls begibt sich aus seinem Büro. Wieder einmal ein Auftritt einer höheren Instanz. Wieder einmal mehr Sterne auf den Schulterklappen.

Der Chef erklärt die Sachlage:
„Die ersten 12,25 Dollar waren für die Leistung des Zolls in der City", erklärt er, „für das Paketaufschlitzen. Das war eine kostenpflichtige Amtshandlung. Weil ihr hier seid, habt ihr erneut eine Leistung angefordert und die kostet erneut 12,25 Dollar. Zuständig ist dieses Büro aber nicht, da müsst ihr zu dem Zöllner, der neben dem Dinghi-Anleger eures Ankerplatzes residiert. Für genau diese Art von Fällen ist dort ein Zollbüro eingerichtet worden. Das Büro ist ganz neu und es ist sehr kundenfreundlich und es ist nur für euch. Wenn ihr jetzt dahin geht, müsst ihr aber auch dort noch einmal 12,25 Dollar für die Aushändigung bezahlen, weil dort eine neue Amtshandlung beansprucht wird. Aushändigen kann dieser Zöllner das Paket aber dennoch nicht, weil er noch nicht die notwendigen neuen Papiere in seinem ganz neuen Büro hat. Dann müsst ihr wegen der Papiere doch wieder hier her, das kostet wieder 12,25 Dollar – und immer so weiter…
¿Entendéis?"

Nein, die Crew versteht das nicht. HW nimmt erst einmal Platz, vorsichtshalber auf seinem Paket. An der Wand sieht er einen Schatten. Der Schatten hat menschliche Umrisse und der Schatten kann sprechen. Er sagt, er sei Franz Kafka…

Der Chef-Zöllner erklärt, er sähe ein, dass das für einen *extranjero* nur schwer nachzuvollziehen sei, aber er sei der Chef und deshalb habe er eine gute Idee.
Die Crew ist gespannt.
„Ihr bezahlt hier die 12,25 Dollar", sagt der Chefzöllner. „Dann wird sich mein Kollege dort im Sessel bewegen und er wird die notwendigen Papiere im Rahmen der innerbehördlichen Amtshilfe auf meine Anweisung hin schon hier ausfertigen. Anschließend fährt er euch alle mit seinem eigenen Privatwagen kostenfrei zu eurem Dinghi-Anleger und die Papiere werden von dem dortigen, eigentlich zuständigen Kollegen kostenfrei abgezeichnet."

„Und wir haben ganz locker 12,25 Dollar gespart?"
„¡Exactamente! Viele, viele 12,25 Dollar!"
„Und wir dürfen unseren Generator mitnehmen?"
„¡Exactamente!"
In der Soap Opera ist erst einmal Werbepause. Niemand weiß im Augenblick so ganz genau, ob die kostbare Vase wirklich das Liebespaar getroffen hat. Ende offen.
Die Crew nutzt die günstige Gelegenheit. Sie bezahlt 12,25 Dollar, in *dinero en efectivo*, besteht nicht auf einer Quittung, um nicht den Zöllner bei der Ausfertigung der Auslieferungspapiere unnötig zu verwirren. Danach besteigen die Zöllnerin aus der City, Ute und die Crew der *Amygdala* zusammen mit dem Generator den Privatwagen des Zöllners.
Der Taxifahrer, der auch diesmal wieder vor der Zollstation gewartet hat, in der Hoffnung, dass es mit ihm noch einmal zur nächsten Adresse weitergehen würde und wieder zur nächsten und immer so weiter, blickt ihnen traurig nach. Doch kein so guter Tag. Sein Vertrauen in die Behörden ist beschädigt.
Die Crew im Zöllnerauto wird zwei Kilometer bis zu ihrem Dinghi-Anleger auf der Isla Perico gefahren. Es stimmt tatsächlich, auch dort gibt es ein kleines Büro, drei mal drei Meter groß, neben der Toilettenanlage, nur zu entdecken, wenn man genau weiß, dass da etwas ist, das nicht der Notdurftverrichtung dient. Alles ist neu. Noch riecht es hier wie frisch gestrichen. Das wird sich wohl bald ändern, wenn auch die Toilettenanlage erst einmal in Betrieb ist.
Das Büro hat keine Einrichtung, außer einem leeren Schreibtisch. An diesem Schreibtisch sitzt wieder ein Zöllner. Es ist diesmal ein einsamer Zöllner, ohne Kollegen und ohne Fernsehapparat, aber es ist ein zuständiger Zöllner. Er hört die Erklärung seines Kollegen aus Flamenco, die Bestätigung seiner Kollegin aus der City, stellt keine zusätzlichen Fragen und nimmt das einzige vorhandene Arbeitsgerät dieses Büros aus seiner Hemdtasche. Das ist sein Kugelschreiber. Mit einem geübten, schnellen professionellen, zollamtlichen Strich zeichnet er die Papiere ab.
Er lächelt.
Schon fertig!
Das war´s!
So einfach geht das.

Der Generator gehört jetzt auch offiziell der Crew, darf an Bord der *Amygdala* verbracht werden, darf Strom produzieren, darf Freude verbreiten. Noch kann es keiner so recht glauben.

Der Zöllner fühlt sich gut. Er ganz allein hat ein Paket aus Deutschland bearbeitet, er allein hat die Freude erst ermöglicht.

Das ist eine große Tat.

Der Taxifahrer hatte das Zöllnerauto verfolgt, wartet nun hier neben dem neuen Zollgebäude, bietet der Zöllnerin an, sie in die City zum Hauptzollamt zurückzubringen.

„Bezahlt die *Amygdala* die Rückfahrt?", fragt sie. Sie betont richtig. Sie spricht den Schiffsnamen aus wie es sein muss. Das ist gar nicht schwer. Und das muss belohnt werden.

„*Amygdala* pagará", bestätigt der Skipper. Er hat einen neuen Generator. Er ist heute großzügig.

Der Taxifahrer denkt, dass es doch ein guter Tag ist.

Das denken jetzt alle.

Ratten an Bord

Position 019° Süd, 179° West, Kompasskurs 295°.
Im nächsten Augenblick rumpelte es unter dem Schiff. Das war keine Kollision mit einem schlafenden Wal, kein Auflaufen auf einen treibenden Seecontainer. Das war der 180. Längengrad! Noch vor einer Sekunde fuhr die *Amygdala* nach Westen. Ab jetzt zählt die astronomische Länge wieder rückwärts und das Schiff fährt nach Osten, ohne dass das Steuer bewegt worden wäre. So geht das, wenn der Planet eine Kugel ist.
Es ist nicht mehr weit bis Fidschi.

Manson war sauer, richtig sauer. Und wenn Manson sauer war, richtig sauer, dann war es empfehlenswert für die Menschen in seiner Umgebung in Deckung zu bleiben.
Manson war besonders deshalb sauer, weil er selbst an seiner schlechten Stimmung Schuld war. Er hatte falsch reagiert, war nicht hart genug gewesen, nicht konsequent genug. Das war die Ursache und er wusste es. Jetzt war es für eine Korrektur zu spät. Die dunkelblaue Segelyacht mit den weißen, doppelten Zierstreifen am Bug, war aus dem Hafen verschwunden. Diese Yacht ohne Nationalflagge war weg, einfach so. Damit hatte er nicht gerechnet. Jetzt

hatte Manson keine Chance mehr, seine schlechte Stimmung mit einer befreienden Amtshandlung zu lindern.

Gestern Abend noch hatte der blaue Segler im Quarantänebereich geankert, so, wie es Vorschrift war. Jetzt war der Platz leer. Die Yacht hatte den Hafen in der Nacht ohne Abmeldung, ohne auszuklarieren verlassen. Manson hätte sie sofort festsetzen sollen; sofort, als der Skipper dem Polizeioffizier der Immigration verbot, mit den Uniformstiefeln das Schiff zu betreten.

„Die Sohlen hinterlassen schwarze Streifen auf meinem weißen Deck", hatte der Schiffsführer behauptet. „Mein Schiff darf nur barfuß betreten werden." Er hatte jede Mitarbeit verweigert und die Einklarierungstruppe nicht an Bord gelassen.

„Nicht mit Schuhen!"

Es ist nicht gut, von einem Offizier zu verlangen, dass er seine Uniform auszieht, wenn er eine Amtshandlung begehen möchte. Das gilt nicht nur in Fidschi, das gilt überall auf der Welt. Es könnte sein, dass sich der Offizier dann Dinge ausdenkt, die unangenehm sind.

Manson hatte sich etwas ausgedacht und es würde unangenehm werden. Er würde die blaue Yacht mit den doppelten Zierstreifen am Bug ausräuchern. Er würde gefährlichen Schädlingsbefall vermuten und die Yacht desinfizieren lassen. Kostenpflichtig entkeimen. Und die Leute, die das erledigen, würden Stiefel tragen wie sie nun einmal zu ihrer Schutzausrüstung gehörten. So ist es Vorschrift und so würde das ablaufen. Drei volle Tage lang würde die Aktion dauern. Drei Tage, an denen das Schiff unbewohnbar sein würde. Die Crew würde sich währenddessen an Land einen Schlafplatz suchen müssen, ob mit Schuhen oder ohne, das war Manson dabei gleich. Aber drei Tage lang würden Beamte des Gesundheitsministeriums mit Stiefeln auf der Yacht herumlaufen. Mit Uniformstiefeln, nicht barfuß! Sie würden Desinfektionsmittel versprühen und Giftköder auslegen. Sie würden sich Zeit lassen und sehr sorgfältig arbeiten. So sorgfältig, wie es die Vorschrift verlangt. Das würde sich unter den arroganten Yachties herumsprechen. Das wäre eine pädagogische Amtshandlung. Eine Amtshandlung, die Mansons Seele gut täte.

So war der Plan und jetzt war die blaue Yacht mit den doppelten, weißen Zierstreifen am Bug verschwunden, war entkommen, hatte in der Nacht den Quarantänebereich eigenmächtig wieder verlassen. Das tat Mansons Seele nicht gut.

Und das war kein guter Start in den Tag. Das war nicht gut für Mansons Wohlbefinden. Und das war auch nicht gut für das Wohlbefinden der Menschen in seiner Umgebung.

*

Mit langsamer Fahrt nähert sich die *Amygdala* der Quarantänetonne im Suva Harbour, Fidschi und lässt den Anker fallen. Position 018° 07,4´ Süd, 178° 254´ Ost, Wassertiefe elf Meter. Der Anker findet guten Halt im schlammigen Grund, wird rückwärts eingefahren, sitzt. Unter der Steuerbordsaling weht die Flagge der Republik Fidschi, hellblauer Grund mit dem Union Jack in der linken oberen Ecke und dem Wappen der Republik im rechten Drittel. Unter der Fahne steht die gelbe Flagge „Q", die internationale Bitte um Einklarierung und freie Verkehrserlaubnis.
Das Schlauchboot der Küstenwache mit den drei offiziellen Vertretern der Einklarierungstruppe, mit Quarantäne, Zoll und Immigration rauscht schneller heran, als es der Skipper der *Amygdala* erwartet hat. Es bleibt kaum Zeit, das Schiff nach dem langen Schlag von Tonga hierher aufzuräumen. Er hängt noch die mobile Bordleiter Steuerbord außenbords, bändselt Fender an die Reling, da stößt das behördliche Schlauchboot auch schon hart an, wirft eine Menge Schwell gegen den Schiffsrumpf. Ein äußerst gewichtiger Fidschianer im knöchellangen Uniformrock steht aufrecht im Küstenwachboot, klammert sich an der Bordwand der *Amygdala* fest und stoppt so auf. Ein grobes Anlegemanöver, unseemännisch und mit Wut gefahren. Dazu passt das grimmige Gesicht des Offiziellen. Hier ist einer nicht freundlich, heißt das. Jeder soll das sehen. Kein guter Tag.
„Bula", sagte der Skipper der *Amygdala*. – Langes Leben!
Ein wenig verwischt die Begrüßung die Brummigkeit im Gesicht des dicken Fidschianers.
„Bula, Bula!", antwortet der.
„Revaka na Kalou ka Doka na Tui", sagt der Skipper. – Fürchte Gott und ehre die Königin!
Jetzt lächelt der Dicke doch. Na also!
„Rerevaka", verbessert er. „Nicht revaka. – Du sprichst Fidschi?"
Der Skipper der *Amygdala* schüttelt den Kopf.
„Das ist leider alles, was ich kann", sagt er.

„Beckenbauer", sagt der Fidschianer. Ein Ausdruck von Wohlwollen, vermischt mit einer Spur Stolz hat jetzt jede Grimmigkeit vertrieben. „Das ist das, was ich in deiner Sprache kann."

„Gut", sagt der Skipper. „Das war perfektes Deutsch."

Der Dicke schaltet den Außenborder seines Schlauchbootes ab.

"Wir müssen das Schiff untersuchen", sagt er. „Biosecurity Authority of Fiji. Ministry of Health. "

„Natürlich", sagte der Skipper. „Komm an Bord." Er übernimmt die Festmacherleine des Küstenwachbootes, belegt sie auf der freien Mittelklampe.

Der Dicke steigt auf die ausgehängte Bordleiter, sichert sich an der Reling und zieht sein geschätztes Nettokörpergewicht von 145 Kilo, ohne Brille und ohne die umgehängte Aktentasche, aus dem Schlauchbot hoch an Bord des Seglers. Gut, dass die *Amygdala* ein Stahlschiff ist. Gut, dass die Relingstützen ordentlich verschweißt und massiv und stark ausgelegt sind. Und gut dass der Dicke einen Schlitz im Kleid hat. Der Schritt über den obersten Relingsdraht ist so kein Problem. Ein Problem ist allenfalls noch der Cockpittisch. Der Skipper klappt die Platte ab. Jetzt hat der Dicke Platz, lässt sich auf den Steuerbordsitz fallen, füllt das Cockpit mit seinem Körper nahezu aus. Die Kollegen von Zoll und Immigration bleiben währenddessen im Schlauchboot, sitzen auf den Rumpfwülsten, warten ab. Die *Amygdala* ist nur ein kleines Boot.

Der Skipper steht auf der anderen Seite der Steuersäule, unschlüssig, wartet ab, wie die Amtshandlung weitergeht.

„Setz dich!", sagt der Dicke. „Auf Fidschi ist es sehr unhöflich zu stehen, wenn alle anderen sitzen."

Der Skipper hockt sich auf die Süllkante, stellt die Füße auf die backbordseitige Cockpitbank. Da ist noch ein wenig Platz.

„Müller", sagt der Fidschianer. „Ich heiße Manson Müller." Das sehr dunkle Gesicht strahlt. „Mein Großvater hieß Müller", sagt er. „Ein anderer Großvater Kienzle." Er blickt zur schwarz-rot-goldenen Nationalflagge am Heck. „Aber das mit eurer Fußballeuropameisterschaft, das war ja wohl nichts."

Der Skipper der *Amygdala* nickt.

„Miese zweite Halbzeit", sagt er.

So vertraut ist das alles und überall, wenn man unterwegs ist und der Planet nur so klein.

Manson zieht einen Ordner aus seiner Umhängetasche und verteilt Vordrucke auf seinem Schoß. *Certificate of Pratique*, steht fett eingedruckt oben auf den Seiten.

„Letzter Ausklarierungshafen?", fragt er.

„Neiafu Vava´u, Tonga", sagt der Skipper. Er hält das behördliche Ausklarierungsdokument aus Tonga schon in der Hand, ist vorbereitet, schiebt es Manson zu.

„Jemand auf der Überfahrt gestorben?", fragt Manson.

Der Skipper schüttelt den Kopf und Manson notiert ein *no* in den Protokollen.

„Hat jemand von der Besatzung Fieber?"

„Wir sind alle gesund."

Manson notiert *no*.

„Ungeziefer, Insekten, Ratten an Bord?"

„Kein Ungeziefer, keine Insekten", sagt der Skipper.

Manson will schreiben.

„Aber eine Ratte", sagt der Skipper.

Manson erstarrt. Das Wohlwollen ist jetzt schlagartig aus dem Gesicht verschwunden. Kein Lächeln mehr, keine Entspanntheit. Er atmet tief ein, bläst sich auf, hält die Luft in den Lungen.

Der Skipper der *Amygdala* deutet auf eine Plüschratte, die als Maskottchen in einer eigenen Miniaturhängematte über den Navigationsinstrumenten hinter der Spritzschutzscheibe baumelt.

„Unser drittes Crewmitglied", sagt der Skipper. „Sie ist nur aus Plüsch, kann aber sprechen, wenn man will und zuhören kann. Sie verfeinert manchmal die bordinterne Kommunikation, hat aber ansonsten keine besondere Funktion."

Manson lässt die Luft behutsam aus der Brust entweichen.

„Und das ist die einzige?", fragt er.

„Uns reicht sie", sagt der Skipper. „Andere gibt es nicht."

Manson denkt nach, sieht die Plüschratte in der Hängematte, stößt sie mit dem Finger an, bringt sie zum Schaukeln.

„In meiner Behörde gibt es auch Plüschreserven ohne besondere Aufgaben", sagt er. „Die sind da, können sprechen, wenn sie wollen, schaukeln den ganzen Tag lang an ihrem Arbeitsplatz, haben aber ansonsten keine Funktion."

„Das gibt es", sagt der Skipper. „Das gibt es in Deutschland und das gibt es wohl auch in Fidschi."

Der Skipper und der Fidschianer verstehen sich.
„Und die dürfen das", sagt Manson.
„Ja, die dürfen das", sagt der Skipper. „Auch bei uns. Am Schreibtisch schaukeln, ohne besondere Aufgaben. Ja, das dürfen die."
Manson nickt wieder.
„Damit ist das dann wohl auch in Ordnung", sagt Manson. „Wenn die das überall dürfen..." Er nimmt seinen Stift und schreibt Ratten – *no*.
Der Niedergang zum Schiffsinneren ist nicht verschlossen. Manson beugt sich vor, der Stapel Protokolle rutscht von seinem Schoß, er fängt ihn auf, bevor er sich auf den Boden verteilt, sieht nach unten, hinein in die Kajüte. Er sieht das Ablagenetz an der Decke über dem Kajüttisch, das mit Bananen, frischen Mangos und Ananas prall gefüllt ist, eingekauft auf dem Markt in Tonga.
„Es ist nicht erlaubt, Früchte einzuführen", sagt Manson. „Das ist streng verboten. Kein Gemüse, kein Fleisch, keine Eier, überhaupt keine frischen Produkte! Wir müssen uns schützen. Wir können es uns nicht leisten, dass Ungeziefer, Samen und fremde Keime eingeschleppt werden und das Habitat unserer Inseln verändern."
„Wir werden das alles an Bord lassen", sagt der Skipper, „und wir werden das alles an Bord verbrauchen."
Manson denkt nach.
„Die *Amygdala* ist deutsches Hoheitsgebiet", sagt er. „So ist das doch."
„Ja, so ist das", sagt der Skipper.
„So ist das", sagt Manson. „Und wenn nichts an Land geht, wird auch nichts in Fidschi eingeführt. Also keine Infektionsgefahr für meine Inseln."
„Alles bleibt sauber", sagt der Skipper. „Versprochen!"
„Alles sauber", sagt Manson. Er schreibt: Gemüse, Früchte – *no*.
Manson unterzeichnet das Protokoll, lässt den Skipper unterschreiben, drückt den amtlichen Siegelstempel mit der Inschrift Matanitu ko Viti – Republik Fidschi auf das Papier, reicht dem Skipper eine Kopie.
„Plüschköpfe gibt es überall", sagt Manson.
„Weltweit", sagt der Skipper.
„Und wenn ihr in meiner Stadt mit dem Bus unterwegs seid", sagt Manson, „sucht euch sofort einen Sitzplatz, ganz gleich wo, auf dem Boden, auf Gepäckstücken, auch auf dem Armaturenbrett neben

dem Fahrer, wenn sonst kein Platz ist. Setzt euch, wenn alle anderen sitzen. Seid nicht unhöflich in meinem Land."
„So soll es sein", sagt der Skipper.
Manson steht auf und klettert zurück über die Reling in das wartende Schlauchboot.
„Beckenbauer", sagt er.
„Bula, Bula", sagt der Skipper.

Das Schlauchboot verlässt die *Amygdala* mit Vollgas. Es nimmt Kurs auf die Hafeneinfahrt. Dort ist eine Segelyacht aufgetaucht, eine Segelyacht mit dunkelblauem Rumpf und weißen, doppelten Zierstreifen am Bug. Das Schlauchboot hält darauf zu.
Manson steht an der Pinne und blickt nicht freundlich.

Geburtstag

Der Tod hat seine eigene Faszination und auch der Augenblick des Sterbens.
Blut tropfte in das schwarze Lagunenwasser, warf sanfte, schimmernde Kreise, die sich ausbreiteten und dabei verliefen. Die Stille hatte nichts Friedliches. Die Bedrohung war spürbar. Sie war nicht sichtbar, aber die Anspannung war so intensiv, dass jeder die Explosion der Gewalt herbeisehnte; wie eine Erlösung, die Befreiung verhieß. Selbst das Zirpen der Insekten und der Gesang der Vögel waren verstummt. Die Natur schwieg, wartete auf das Finale, das kommen würde.
Der Angriff war provoziert und er war gewollt, weil genau dafür bezahlt worden war. Aber als er dann losbrach, unkontrolliert, in dieser animalischen Stärke und mit dieser ungestümen Energie, da war die Gnadenlosigkeit doch unerwartet.
Keiner der Zuschauer hatte es herantauchen sehen. Der brutale Schlag des mächtigen Schwanzes trieb das Leistenkrokodil plötzlich wie eine aufsteigende Rakete durch die Wasseroberfläche. Der Körper verließ das Lagunenwasser vollständig, zielgerichtet, präzise, tödlich und zügellos in seiner Gier.
Der Rachen war aufgerissen. Die Zähne schlugen in den blutigen

Fleischbrocken, packten zu, rissen ihn dem Ranger aus der ausgestreckten Hand.

Der zurückstürzende Körper des vier Meter langen Tieres löste im Mangrovenarm einen kleinen Tsunami aus. Die Wellen erfassten das Touristenboot, schlugen gegen die Bordwand, hoben es an, ließen es wie einen Korken tanzen, spritzten Gischt über das Deck.

Die Zuschauer umklammerten die Reling, manche schrien, manche lachten ein falsches Lachen, nur um ihre Angst zu verstecken, für die sie bezahlt hatten. Eine blutige Blasenspur markierte die Fluchtbahn des Krokodils mit der Beute, weg vom Ausflugsboot, durch die Wurzeltore der Mangroven.

Die Handykamera schwenkte vom Wasser zurück auf die Gesichter der Zuschauer, verpetzte die Panik, entlarvte die gespielte Lässigkeit derer, die die Welt bisher nur vom Bildschirm her kannten und die in ihren weichen Sesseln immer sicher und behütet gewesen waren, wenn ihnen das Entsetzen virtuell verkauft wurde. Hier war das Grauen nicht imaginär, hier war es nah, fühlbar nah, grausam nah, tödlich nah. Die Luft roch nach Tod, die Gischtspritzer auf den Lippen schmeckten nach Tod und es gab keinen Platz, sich zu verstecken.

Stans Gesicht glitt ins Bild, noch verpixelt, unscharf, füllte den kompletten Bildschirm aus. Der Autofokus korrigierte, malte das kindliche Grinsen, dieses erwartungsvolle Feixen, freundlich, ein wenig albern, aber voller Spannung und Neugier auf das Leben.

„Cool!", sagte Stan in die Kamera.

Stan war elf Jahre alt. Er konnte es kaum erwarten, älter zu werden. Aber bis zu seinem nächsten Geburtstag musste er noch ein paar Tage warten.

David schaltete den Laptop aus. Der helle Bildschirm hatte die Kajüte in ein graues, mildes Licht getaucht. Jetzt leuchtete nur noch das rote Glimmlicht der Nachtbeleuchtung an der Decke und über dem Navitisch. Aber die LED´s reichten als Orientierungslichter vollkommen aus und die Pupillen konnten sich wieder auf die Dunkelheit einstellen.

Salzwasserkrokodile gelten als die gefährlichsten Bewohner der Mangrovensümpfe Nordaustraliens. Sie jagen sowohl im offenen Meer als auch im Brackwasser der Flussmündungen und der Überflutungsgebiete. Es sind die größten Krokodile der Welt. Die Einheimischen nennen sie Salties. Das klingt possierlich. Aber David hatte sie jagen und fressen sehen. Die Killermaschinen sind nicht niedlich. Sie lauern versteckt, geduldig und wenn sie zupacken, sind sie brutal, grausam und zuverlässig tödlich.

David war fasziniert von diesen Tieren. Salties waren unverfälschte Natur, unzähmbar. Mit seinen vierzehn Jahren stellte er sich so das wirkliche Leben vor: erbarmungslos, aber von einer packenden Eindringlichkeit.

Seit sie die Tipparary-Waters Marina in Darwin vor drei Tagen verlassen hatten, lief die *We want more* auf klarem Westkurs. Ihr Star-Spangled-Banner am Heck wehte im sanften Südost-Passat nach Steuerbord aus. Die Timorsee war ruhig, die Nacht war klar. Es war eine ereignislose Wache. Da hatten die auf dem Laptop gespeicherten Fotos und Filme ihrer Dreitagesexpedition durch den Kakadu-Nationalpark im Northern Territory für eine angenehme Ablenkung gesorgt.

David sicherte den Rechner gegen Verrutschen bei Krängung mit einem elastischen Riegel, kletterte ins Cockpit, stützte sich mit einer Hand am Großbaum über seinem Kopf ab und wartete darauf, dass sich seine Augen der Dunkelheit noch besser anpassten.

Die Windsteueranlage am Heck sorgte für einen sauberen Kurs entlang 12° 25´ Süd, vorbei an den Cartier-Inseln im Süden und dem Ashmore Reef im Norden, winzigen Korallenhaufen in den unendlichen Weiten des Indischen Ozeans. Weit vor ihnen lag Cocos Keeling, das nächste Ziel, der nächste geplante Landfall. Es würde noch ein paar Tagen dauern, bis die *We want more* dieses westlichste Außengebiet Australiens erreicht haben würde.

Vielleicht würden sie dort Stans Geburtstag feiern können. Der Kleine konnte es ja kaum noch abwarten, älter zu werden.

David drehte sich langsam um 360°, aufmerksam, blickte über das Meer, versuchte auf dem scharfen Streifen des Horizonts irgendetwas zu entdecken, etwas, dessen Konturen sich vor dem helleren Dunkel des Himmels abheben würde.

Dicht neben der Bordwand tauchte ein Delfin auf, stieß seinen schrillen Lockruf aus, passte sich der Bugwelle des Schiffes an, nutzte die Kraft der Strömung und gab der *We want more* Geleit. Sein Körper spaltete die Schwärme von Millionen von Einzellern und Mikroorganismen und zog eine zweite fluoreszierende Leuchtspur durch das

Plankton, parallel zum Glimmen des Kielwassers.
Es war eine schöne Nacht, es war eine ruhige Nacht, es war eine Nacht ohne die Grausamkeiten der Mangrovenwälder.

00.00 Uhr Bordzeit – David notierte die Position im Bordbuch. Ab jetzt würde sein Vater die Wache bis Sonnenaufgang übernehmen, danach sein Bruder Stan die drei Stunden bis zum Frühstück. Bei einer vierköpfigen Familiencrew bekam jeder ausreichend Schlaf, auch auf langen nächtlichen Schlägen, jedenfalls dann, wenn alles, wie in dieser Nacht, ruhig war. Kein Starkwind, kein Squall, kein Gewitter, kein vom Sturm erzwungenes Segelbergen, kein Kurswechsel, keine Aufregung.
Alles war gut.
Doch dann war da dieser kleine weiße Punkt auf dem Radarschirm in nordwestlicher Richtung, nicht einmal zwei Seemeilen entfernt. Noch vor zehn Minuten hatte David den Horizont abgesucht und kein anderes Schiff entdeckt. Auf der kurzen Distanz von zwei Seemeilen wären ihm die Navigationslichter bestimmt aufgefallen. Er hatte nichts gesehen, aber das Radarauge sah etwas und das Gerät konnte nicht lügen. Es sah etwas, was mit bloßem Auge nicht zu entdecken war, vielleicht, weil es nicht entdeckt werden wollte.
David ging nach achtern und weckte seinen Vater.
„Piraten?", fragte David. Er hatte keine Angst. Aber er empfand diese faszinierende Anspannung, dieses aufregende Gefühl, das stets aus einer unklaren Bedrohung, aus Abenteuer und aus Fantasie gemischt wurde.
„Ich weiß es nicht", sagte sein Vater. „Vielleicht ein Fischerboot."
Er peilte den weißen Punkt auf dem Radarbild, kletterte dann ins Cockpit und starrte in die Nacht.
„Früher", sagte Davids Vater, „früher war das Ashmore Reef ein beliebtes Versteck für Piraten. Sie überfielen von dort aus vorbeifahrende Handelsschiffe. Heute nicht mehr. Heute ist das Riff Naturschutzgebiet. Es wird von Australien überwacht."
„Aber Piraten können sich auch in Naturschutzgebieten verstecken", sagte David.
„Ja, vielleicht", sagte sein Vater. Er setzte das Fernglas an die Augen und suchte in der Richtung, die ihm die Radarpeilung angegeben hatte.

„Wir schalten unsere Positionslichter aus", sagte er. „Vorsorglich."
„Willst du dich verstecken?" fragte David.
„Ich will nicht, dass wir ein Ziel sind", sagte sein Vater.
„Das ist wie im Krieg", sagte David. Er kannte solche Szenen und solche Sätze aus Spielfilmen und Kriegsberichten. „Sind wir im Krieg?"
„Ich weiß nicht, wo wir sind", sagte sein Vater. „Ich weiß nur, dass da drüben etwas ist, was ich nicht verstehe."
„Soll ich die Signalpistole holen?", fragte David.
„Geh nach unten und überprüf die Entfernung", sagte sein Vater, „check den Abstand und die Richtung."
David kannte sich mit Navigation und den Instrumenten aus. Er war ein guter Seemann. Seit zwei Jahren war die *We want more* für die Familie das Zuhause. In dieser Zeit hatte er viel gelernt. Sein Vater hatte sich für drei Jahre von seinem Juristenjob im Weißen Haus beurlauben lassen, um seinen Kindern die Welt zu zeigen. Er war einer der wenigen Amerikaner, die wussten, dass es außerhalb der Grenzen von *god´s own country* noch andere Länder und andere Menschen und andere Kulturen gab. Und von den wenigen Amerikanern, die davon gehört hatten, war er einer der noch selteneren, die meinten, dass es für die Entwicklung eines Jugendlichen gut sein könnte, andere Länder und andere Menschen und andere Kulturen kennenzulernen. Davids Vater war ein komischer Kauz. Aber in Amerika können auch komische Käuze überleben. Manchmal sogar im Weißen Haus. Davids Vater hielt eine Weltumsegelung für eine gute Idee.
David verschob die digitalen Messringe auf dem Radarbild. Der weiße Punkt hatte seine Position kaum verändert aber die *We want more* lief in einem spitzen Winkel darauf zu.
„Entfernung etwas weniger als eine Seemeile", rief David nach oben. „Peilung steht!"
Als David die Antwort seines Vaters hörte, wusste er, dass es ein Problem gab.
„Weck deine Mutter und weck Stan", sagte Davids Vater.
David lief zuerst in die Achterkajüte, rüttelte seine Mutter wach, lief dann nach vorn zur Koje seines Bruders.
„Ich glaube Piraten", flüsterte David seinem Bruder ins Ohr.
Stan wälzte sich knurrend auf den Rücken und rieb sich die Augen.
„Sollen später kommen", sagte Stan. „Ich bin müde."

David kletterte nach oben, zurück ins Cockpit.
Auf dem Meer brannte ein Feuer.
Steuerbord voraus loderten dunkelrote Flammen und pumpten schwarzen, fetten Rauch in den Himmel. Das Feuer war sehr nah.
„Wir starten den Motor und bergen die Segel", sagte Davids Vater.
David kletterte zum Heck und kuppelte die Windsteueranlage aus. Er wusste, was zu tun war. Die Abläufe waren immer gleich, schon hunderte Male geübt. Er drehte den Schlüssel am Motorpaneel, drückte den Startknopf. Der Diesel sprang an und spie einen kräftigen Kühlwasserstrahl aus dem Auspuff. Davids Vater öffnete die Fallklemme, das Großsegel fiel in sich zusammen, faltete sich zwischen den Fangleinen der Lazy Jacks. David rollte das Vorsegel ein. Jetzt war die Sicht über das Deck frei, ungehindert frei auf das dunkelrote Feuer und den schwarzen Rauch über dem Wasser des Indischen Ozeans.
„Was ist das denn?", fragte Davids Mutter.
Stan drängte sich an seiner Mutter vorbei, lugte aus dem Niedergang, blinzelte in die Nacht. Er hielt eine Machete in der Hand.
„Cool!", sagte er.

Die *We want more* lief mit niedriger Drehzahl auf das Feuer zu. Stan stand am Ruder. Er war aufgeregt, zappelte von einem Bein auf das andere. Er hätte sofort nach dem Wecken auf die Toilette gehen sollen, bevor er wusste, dass auf dem Meer ein Feuer brannte. Jetzt war es zu spät. Jetzt wollte er nichts mehr verpassen und jetzt musste er das Schiff steuern. Er war ein guter Steuermann.
Stans Vater setzte das Fernglas nicht ab, stützte sich mit einem Knie gegen die Cockpitwand, um in der leichten Dünung einen ruhigeren Stand zu haben.
„Ein Fass", sagte er. „Da steht ein Fass auf dem Kajütdach. Sie haben Diesel oder Öl angezündet."
„Das ist eine Falle", sagte David. „Sie wollen uns anlocken."
„Ich kann Menschen sehen", sagte sein Vater. „Viele Menschen. Sie stehen an Deck. Das Boot sieht aus wie ein Fischerboot. Ein altes, heruntergekommenes Boot aus Holz, vielleicht zwölf oder fünfzehn Meter lang. Aber das Vorschiff ist voller Menschen. Das ist kein Fischer."
„Haben sie Waffen?", fragte David. „Haben sie Messer oder Gewehre?"

„Piraten haben Flinten", sagte Stan.
„Früher vielleicht", sagte David. „Heute haben sie Gewehre."
„Und Flinten", sagte Stan.
Als sie so nah waren, dass sie Stimmen hören konnten, kuppelte Stans Vater die Maschine aus. Ihr Diesel tuckerte sanft im Leerlauf. Jetzt hörten sie die Rufe und Schreie der Menschen auf dem Boot mit dem Feuer deutlich, aber sie verstanden die Sprache nicht. Sie sahen die Menschen dort drüben winken. Frauen und Männer.
Das fremde Boot fuhr nicht, das fremde Boot trieb, schaukelte steuerlos in den Wellen. Es hatte keine Positionslichter gesetzt. Die einzige Markierung war das brennende Öl in dem Fass auf dem Dach.
„Das ist ein Flüchtlingsboot", sagte Stans Vater. „Wahrscheinlich haben sie einen Maschinenschaden."
„Dann müssen wir sie abschleppen", sagte Stan. „Wir nehmen sie auf den Haken und bringen sie nach Cocos Keeling."
„Ich rufe die Küstenwache", sagte seine Mutter. Sie verschwand unter Deck.
„Was ist ein Flüchtlingsboot?", fragte Stan.
Sie waren jetzt so nah, dass sie die Menschen auch ohne Fernglas deutlich erkennen konnten. Und sie verstanden einzelne Worte.
„Help!"
„We need help!"
Die Menschen auf dem Flüchtlingsboot drängten sich auf der Backbordseite an der Reling zusammen, winkten der *We want more* zu. Das Holzboot verlor an Stabilität und legte sich schwer auf die Seite. Die Menschen schrien, stolperten zurück nach Steuerbord, wollten ausgleichen, liefen durcheinander, winkten dabei, stießen sich gegenseitig aus dem Weg. Das Boot richtete sich auf und krängte in die Gegenrichtung. Flüssiges Feuer schwappte aus dem Fass, floss über das Kajütdach, tropfte brennend zwischen die Menschen auf dem Deck. Sie rissen sich Jacken und Hemden vom Leib und schlugen auf die Flammen ein.
„Wir müssen ihnen helfen", sagte Stan. Er kuppelte die Maschine ein und fuhr auf das Flüchtlingsboot zu, wartete nicht auf die Anweisungen seines Vaters.
Sein Vater schlug den Ganghebel zurück.
„Wir bleiben hier", sagte er.

Der Außenlautsprecher des Funkgeräts auf der *We want more* rauschte.

„*We want more, We want more*, hier ist die *Triton*, australische Küstenwache. Wir sind auf dem Weg zu ihnen. Bleiben sie auf Position, aber halten sie deutlichen Abstand zu dem fremden Boot. In australischen Gewässern ist ihnen jeglicher Kontakt zu anderen Booten oder anderen Schiffen, gleich welcher Nationalität, untersagt. Ich wiederhole die Anweisung..."

David sah es zuerst.

„Sie kommen zu uns", sagte er.

Die ersten Menschen vom Flüchtlingsboot kletterten über die Reling und sprangen ins Wasser. Sie schwammen auf die *We want more* zu. Sie würden nur fünf Schiffslängen schwimmen müssen. Das war nicht viel.

„Hier gibt es Haie", sagte Stan. „Weiße Haie!"

„Aber keine Salzwasserkrokodile", sagte David. „So weit draußen auf See gibt es keine Salties."

„Aber Haie", sagte Stan.

„Zurück!", sagte Stans Vater. „Fahr zurück!" Er legte selbst den Hebel auf Rückwärtsfahrt, erhöhte die Drehzahl.

„America!" rief einer der Männer im Wasser. Er winkte mit beiden Händen.

„I love America!"

Stan kuppelte die Maschine aus. Trotzig. Gegen die Anweisung. Er hielt den bösen Blick seines Vaters aus und deutete ins Wasser, auf eine Stelle dicht neben der Bordwand. Jetzt sahen alle den Mann im Wasser, der versuchte, sich am glatten Außenrumpf der *We want more* festzuhalten. Auf dem Rücken des Mannes lag ein kleines Kind, fast noch ein Baby, lag da wie ein Rucksack, klammerte sich an den Hals des Mannes. Das Kind hielt die Augen geschlossen, die Lippen zusammengepresst. Das Meerwasser klatschte ihm immer wieder ins Gesicht. Es war ganz ruhig.

„Only the Baby!", sagte der Mann. „Save the baby!"

Er versuchte sich am Schiffsrumpf festzuhalten, glitt wieder ab, tauchte unter, kämpfte sich hoch, verzweifelt. Wenn die Wellen ihn frei gaben, weinte der Mann und schrie. Das Kind klammerte sich stumm an seinen Hals.

Dann war da noch ein Mann auf der anderen Seite. Er schlug mit den

Fäusten gegen die Bordwand. Da war ein dritter, ein vierter, immer mehr. Die Köpfe sahen aus wie dunkle Bälle, die auf dem Wasser tanzen. Bälle, die auf die *We want more* zu tanzten.

Stans Vater kuppelte wieder ein, ging auf Rückwärtsfahrt, stieß Stan zur Seite, nahm selbst das Steuer in die Hand, fuhr zunächst langsam, erhöhte dann die Geschwindigkeit, die Leute im Wasser blieben zurück, winkten noch, auch der Mann mit dem Baby auf dem Rücken.

„Warum helfen wir ihnen nicht?", fragte Stan.

„Wir werden auf Hilfe warten", sagte sein Vater.

„Die da drüben und die im Wasser warten auf Hilfe", sagte Stan. „Auch das Baby."

„Wir warten alle", sagte sein Vater.

Sie stoppten erst auf, als sie die Rufe nicht mehr deutlich hören konnten, als die Entfernung zu den dunklen Bällen im Wasser zu groß zum Schwimmen war. Sie sahen die Menschen im flackernden Licht des Feuers auf dem Boot winken, aber die Menschen im Wasser sahen sie nicht mehr.

„Sie müssen zurückschwimmen auf ihr eigenes Boot", sagte Stans Vater. „Sie müssen! Bis die *Triton* hier ist, sind sie dort an Bord sicher. Die *We want more* fährt unter amerikanischer Flagge. Unser Schiff ist damit amerikanisches Hoheitsgebiet. Das bedeutet etwas. Wenn die Fremden an Bord kämen, hätten sie Amerika erreicht und Amerika müsste sie aufnehmen."

„Von mir aus", sagte Stan.

„Dann wohnen sie bei uns", sagte David. „Aber vielleicht sind das ja doch Piraten."

„Cool", sagte Stan.

*

012° 05,522´ S / 096° 52,914´ E

Die *We want more* liegt vor Direction Island, der nordwestlichsten Insel von Cocos Keeling. Der Anker hat sich in sechs Metern Tiefe im Korallensand eingegraben. Die *We want more* liegt ruhig, sie liegt sicher.

Direction Island ist unbewohnt. Ein Korallenbröckelchen irgendwo im Indischen Ozean, tausend Seemeilen von Australien entfernt. Die

Insel ist ein Postkartenmotiv. Palmen, weißer Sandstrand, Einsamkeit, Frieden.
Trügerischer Frieden.
Im Sand legen Karettschildkröten ihre Eier ab. Wenn die kleinen Schildkrötenbabys schlüpfen, müssen sie schnell sein, wenn sie überleben wollen. In der Luft lauern die Fregattvögel. Die harten Schnäbel der Fregattvögel sind für die kleinen Schildkröten mit ihren noch weichen Panzern tödlich. Erst das Wasser des Brandungsstreifens kann sie retten.
Der Brandungsstreifen ist ein Bilderbuch der Geschichte.
Auf Horsburgh Island im Westen umspült die Brandung die massiven Geschütze rostender Küstenartillerie. Im ersten Weltkrieg sollten sie die britische Kabelstation auf Direction Island schützen. Der deutsche Kreuzer *SMS Emden* beschießt die Kabelstation und die australische Marine die *SMS Emden*. Australien führt die erste und einzige Seeschlacht seiner Geschichte. Sie kann den deutschen Kreuzer ungefährdet angreifen, weil deren Kapitän den taktischen Fehler begeht, das Korallengewirr der Inseln nicht zu verlassen, nur strategisch eingeschränkt navigieren kann und schließlich auf ein Riff läuft. Die Seeschlacht ist entschieden. Australien ist stolz. Den Kreuzer *SMS Emden* gibt es nicht mehr, nur noch die verrostete Küstenartillerie und eine Straße auf West Island, die heute Emden Walk heißt.
Das ist nicht viel.
Das ist sehr wenig.
Halb vergraben im Spülsand von Direction Island liegen das verrostete Gerippe und der Motorblock eines Militärjeeps unter Palmen. Jetzt ist es der zweite Weltkrieg und die gleiche Kabelstation und jetzt greifen die Japaner mit ihren Flugzeugen die britischen Infanteristen an, die die Station schützen sollen. Die Flugzeuge jagen die Soldaten am Strand wie die Fregattvögel die Schildkrötenbabys.
Die Briten vertreiben die Japaner, aber die Kabelstation gibt es nicht mehr, weil sie längst nicht mehr gebraucht wird. Bis heute geblieben sind nur das Gerippe des Militärjeeps und sein Motorblock und irgendwo auch ein Gedenkstein für die gefallenen Soldaten.
Das ist nicht viel.
Das ist sehr wenig.
Und der Krieg geht weiter.

Eine Kabellänge neben der *We want more* liegen indonesische Fischerboote. Zehn Fischerboote liegen dort, aneinander gekettet zu einer einzigen hölzernen Insel, bewacht von Soldaten der *Triton*, der australischen Küstenwache und des Zolls. Wenn zwölf Fischerboote zusammen sind, werden sie die schwimmende Insel auf den Ozean hinausschleppen und dort verbrennen. Sie warten noch auf zwei Boote. Es wird bald soweit sein, drei, vier Tage vielleicht noch. Die Soldaten müssen nicht lange warten. Sie müssen nur aufmerksam sein. Es sind viele Fischerboote auf dem Weg von Indonesien nach Australien unterwegs.

„Sie sammeln sich oft in Kupang City auf West-Timor in der Sawusee oder auf Roti", sagt der Offizier der *Triton*.

Er sitzt im Cockpit der *We want more* und nimmt gern den angebotenen Kaffee.

„Ärzte, Architekten, Ingenieure, Leute aus dem Iran und dem Irak, die in ihrem Land aus politischen oder religiösen Gründen nicht arbeiten können und die versuchen, über den Umweg Indonesien Australien zu erreichen."

„Wir waren auch schon da", sagt Stan. „in Australien. Das war cool."

„Die Schleuser verdienen gut dabei", sagt der Offizier. „Die Boote kosten nichts, sind morsch und alt und wenig seetüchtig, aber für die Passage nehmen die Menschenhändler sechstausend Dollar pro Person. Auf jedem Boot werden bis zu einhundertfünfzig Leute zusammengepfercht. Das lohnt sich."

„Wir sind froh, dass sie mit der *Triton* so schnell vor Ort waren", sagt Stans Vater. „Wegen der Menschlichkeit."

„Die *Triton* ist ein Trimaran", sagt der Offizier. „Wenn es sein muss über 20 Knoten schnell. Und wenn die Flüchtlingsboote unterwegs sind, muss die *Triton* schnell sein."

„Was geschieht jetzt mit den Flüchtlingen?", fragt David.

„Sie werden versorgt", sagt sein Vater.

„Sie werden nach Indonesien zurückgeschickt", sagt der Offizier. „Es sei denn, sie wurden in australischem Hoheitsgebiet aufgegriffen. Dann werden sie nach Nauru oder Papua-Neuguinea gebracht. Die Politiker dort bekommen Geld und die Regierungen helfen gern"

„Aber da wollten die Flüchtlinge doch gar nicht hin", sagt Stan.

„Dort werden sie versorgt", sagt sein Vater.

„Und dann nach Indonesien zurückgeschickt", sagt der Offizier.

„Keiner von denen wird australischen Boden betreten."
„Was ist mit dem Baby?", fragt Stan.
Der Offizier setzt seine Kaffeetasse ab.
„Welches Baby?", fragt er. „Auf dem letzten Boot gab es kein Baby."
Stans Vater sagt nichts und seine Mutter sagt nichts und David nicht. Auch Stan sagt nichts. Er hat heute Geburtstag. Er ist ab jetzt viel, viel älter als elf.

Happy Independence

Das Schilderhäuschen steht am Ende des Wellenbrechers, unmittelbar neben dem roten Leuchtfeuer der Hafeneinfahrt. Das Dach zeigt den sanften Schwung der traditionellen Bedachungen in Papua-Neuguinea. Schön sieht das aus. Der tief gezogene Rand und der weiche Bogen des Giebels versprechen Geborgenheit und Sicherheit. Allerdings bleibt bei einer Grundfläche von wenig mehr als einem Quadratmeter nicht viel Platz für Gemütlichkeit. Ein Stuhl steht da und auf einer Ablage liegt ein Funkgerät. Das ist alles. Gemütlichkeit sieht anders aus, ist aber auch gar nicht erwünscht. Freundlichkeit erst recht nicht. Dann jedenfalls nicht, wenn die Kinder aus den Pfahlbauten des nahen Slums, die Bälger des Hanuabada-Village, auf alten Styroporplatten zur Steinaufschüttung paddeln, um dort Krebse zu fangen. Die Kinder wissen, dass sie das nicht dürfen. Die Herren des Yachtclubs wollen niemanden zu nah an ihren Grenzen sehen; niemanden, der nicht zu ihnen gehört. Aber die Kinder wissen auch, dass die Nischen und Spalten zwischen den aufgetürmten Felsbrocken ideale Verstecke für fette Krebse sind. Die Beute lockt, trotz aller Drohungen. Dann sind klare Worte erwünscht, keine Gemütlichkeit und keine Freundlichkeit, keine Geborgenheit. Wenn die Worte nicht ausreichen, helfen immer noch die Schlagstöcke. Schlagstöcke finden überall Platz, auch auf wenig mehr als einem Quadratmeter. Das ist kein Problem. Schlagstöcke sind ein wichtiges Instrument in Port Moresby. Sie sind ein Kommunikationsmedium. Schlagstöcke haben Tradition, so wie die weich geschwungenen Dächer der Hütten.

Der Wachmann salutiert, als die Segelyacht das Wachhäuschen auf dem Wellenbrecher mit seiner Backbordseite in einem weiten Bogen passiert. Am Heck der Yacht weht eine Flagge in schwarz-rot-gold. Sie gehört zu einem Land, das von Papua-Neuguinea weit entfernt ist. Aber die Farben sind vertraut. Es sind auch die Farben des Landes hier. Es sind die gleichen Farben, aber die Flagge Papua-Neuguineas ist filigraner, verspielter und aufwendiger gestaltet, mit weißen Sternen und einem goldenen Paradiesvogel auf rotem Grund.

In der Pond Area des Royal Papua Yachtclubs fällt der Anker des Seglers auf 009° 27,917` S / 147° 09,078` E in Sichtweite zu den Stegen. Die Yacht hat einen langen Weg über den Ozean zurückgelegt, das ist deutlich an den grünlich gelben Verfärbungen des weißen Rumpfes zu erkennen, da wo die Wellen gespielt und ihre Mikroorganismen abgelagert haben und am Entenmuschelbewuchs im Bereich des Wasserpasses. Die Yacht hat ihre Kielspur durch die Südsee gezogen. Sie hat tausende von Seemeilen hinter sich gelassen, ist vorbeigesegelt an bewohnten und unbewohnten Inseln, an kleinen Sandhaufen in der Weite des Pazifiks, vorbei an Atollen und Motus und Riffen. Jetzt sichert die Besatzung ihr Schiff, richtet den Bug mit einer zusätzlich gespannten Heckleine gegen den Wind aus und ist neugierig auf diese große Stadt. Sie freut sich auf die Menschen hier, auf das Leben auf die Lebendigkeit und den Trubel einer Hauptstadt. Sie weiß noch nicht, dass sie mit diesen Wünschen hier im falschen Hafen liegt. Sie weiß nicht, dass Port Moresby keine Stadt ist.

Port Moresby nennt sich Stadt, aber eine Stadt wäre ein Ort, an dem sich Menschen wohlfühlen können. Das ist Port Moresby nicht. Port Moresby ist eine ungeregelte Ansammlung von Häusern, Elendshütten, Zelten und Wellblechverschlägen, Banken- und Handelspalästen, mit Stacheldraht abgeschirmten Villen und sehr, sehr viel Müll; wo Menschen leben, arbeiten, vegetieren. Manche machen irgendwie Geld, viel Geld. Manche existieren nur auf niedrigstem Level, auch irgendwie.

Es gibt kein Zentrum in Port Moresby. Es gib keinen Stadtmittelpunkt. Es gibt keine Einkaufsstraßen. Es gibt keine Straßencafés und keine Kneipen. Es gibt kaum Bürgersteige. Es gibt keine Zebrastreifen, keine Fußgängerüberwege. Es gibt nur Schnellstraßen, die sich wie ein Netz über die ausgedehnte, hügelige, karge Landschaft legen, die Port Moresby heißt und es gibt Trampelpfade, die über brachliegende Grundstücke und eingefallene Straßenränder von irgendwoher nach irgendwohin führen.

Auf den Straßen sind Fußgänger nicht gern gesehen. Kein Autofahrer bremst für Fußgänger. Da wird nicht einmal gehupt. Auch abbiegende Autofahrer müssen nicht auf Fußgänger achten. Fußgänger gelten nichts. Wer kein Auto hat, zählt nicht. Es herrscht das Gesetz des Dschungels und in diesem Dschungel ist das Auto das gefährlichste Tier. Fußgänger müssen selbst darauf achten, zu überleben. Das ist die Dschungelregel.

Die Autos auf den Straßen sind neu und in gutem Zustand. Wer sich überhaupt ein Auto leisten kann, kann sich ein großes Auto leisten. Eine Zwischenebene oder einen Mittelstand gibt es nicht. Es gibt nicht einmal Fahrräder oder Motorräder in Port Moresby. Entweder man ist reich und dann richtig reich und fährt ein neues, repräsentatives Auto oder man ist arm und dann richtig arm und geht zu Fuß. Allenfalls kann man sich noch eine Fahrt in einem der klapprigen Busse leisten oder auf der Ladefläche eines schrottreifen Pickups. Das ist dann aber auch schon Luxus.

Die wirkliche Einwohnerzahl von Port Moresby ist unbekannt. Schätzungen sprechen von über einer Million wobei unklar bleibt, was mit „über" gemeint sein könnte. Die meisten Bewohner sind unregistriert, tauchen in offiziellen Statistiken gar nicht auf. Sie werden aus den Urwäldern der umliegenden Inseln von der Hoffnung angelockt, in der großen Stadt mit ihren fiktiven Versprechungen leben zu können. Jetzt sind 90 Prozent von ihnen arbeitslos.

Soziale Absicherung gibt es nicht. Die Menschen leben von kriminellen Aktivitäten, ein gewaltiges Heer. Schwere Gewaltkriminalität ist dabei die Ausnahme. Die Leute sind freundlich. Sie wollen nur etwas anderes zwischen den Zähnen haben, als Betelnüsse; den Hunger stillen, anstatt ihn nur zu betäuben. Diebstahl ist Tagesgeschäft; mal eine Handtasche, wenn es leicht und risikolos ist, mal Waren von einem ungesicherten Lagerplatz, Markt oder Lastwagen.

Die Crew der Yacht verlässt die abgeschirmte Welt des Royal Papua Yacht Clubs. Sie verlässt sie zu Fuß. Das ist ungewöhnlich. Kein Weißer geht in Port Moresby auch nur fünf Meter zu Fuß, nicht außerhalb der Sicherheitszäune.

Der Wächter am Ausgang des Clubs ist besorgt. Er möchte wissen, was die Crew vorhat. Sie möchte einkaufen, sagt sie. Der Weg zum Supermarkt ist gar nicht weit, vielleicht zweihundert, vielleicht dreihundert Meter. Das geht noch ohne Taxi. Der Wächter zuckt mit den Schultern, nimmt das zur Kenntnis, versteht das nicht. Sollen sie! *Crazy Germans!*

Die Wege, die Straßen, die Mauern draußen sind übersät mit roten bis rotbraunen Spritzern und Flecken und Pfützen, manche hellrot und ganz frisch. Die Crew denkt an Blut, an Kinoszenen aus Splattermovies. Hier muss kürzlich ein fürchterliches Massaker stattgefunden haben. Menschen kommen ihnen entgegen. Überlebende? Sie grinsen und grüßen freundlich die weißen Fremden. Wenn sie lächeln, leuchten ihre Zähne wie rote LED´s, die Lippen, das Zahnfleisch grellrot. Sie spucken aus und ein kräftiger Strahl von rotem Betelsaft spritzt auf die Straße.

An den Straßenrändern, zwischen Müll und Unrat, sitzen Frauen in Gruppen, vor sich ein schmutziges Tuch, auf dem Betelnüsse zum Verkauf angeboten werden, das Stück für 50 Toea, das sind weniger als zwanzig Euro-Cent. Vielleicht verkaufen sie zehn Stück am Tag. Die Miete für eine der billigeren Wohnungen in einem renovierungsbedürftigen Appartementhaus aus den siebziger Jahren beträgt neunhundert Euro pro Woche. Das sind die Verhältnisse. Um den Verkaufsstand herum ist der Staub braun rot getränkt. In den Mundwinkeln der Frauen klebt knallroter Speichel. Sie nutzen ihre eigenen Waren um das hier auszuhalten.

In der Trockenzeit dörrt die Sonne den speichelgetränkten Boden aus. Viele der Betelkauer haben Tuberkulose. Der Wind verwirbelt den kontaminierten Staub, wird von anderen Passanten wieder eingeatmet. TB-Erreger haben es leichter sich in der Stadt zu bewegen als die Bewohner.

Der Supermarkt ist eine Erscheinung aus einer anderen Welt. Ein modernes Einkaufszentrum, wie es in jeder europäischen oder amerikanischen Großstadt zu finden ist. Aber vor dem Eingang stehen uniformierte Wächter mit Baseballschlägern in den Händen. Das gibt

es in Europa nicht. Solche Ordnungshüter kennt die Crew noch aus Panama. Allerdings hatten dort die Supermarktwächter automatische Waffen, keine Baseballschläger. Aber Papua hat ja auch erst vor ein paar Jahrzehnten die Steinzeit verlassen, da sind Keulen in der Handhabung noch vertrauter.
Das Sortiment im Supermarkt ist auf australischem Niveau, die Preise sind es ebenfalls. Die Waren sind für den Großteil der Einwohner unerschwinglich. Trotzdem sieht man sie durch die Gänge schlendern, ohne Einkaufskorb, die Angebote in den Regalen studieren, das Fleisch in der Metzgerei, die Früchte und das Gemüse und ihre Augen staunen, wie die von Kindern in der Vorweihnachtszeit im Spielzugladen.
Papua-Neuguinea ist ein reiches Land. Es gibt Bodenschätze, Gold- und Kupferminen, Erdgas und Erdöl. Kopra, Kaffee von hoher Qualität, Tee, tropische Früchte und Edelhölzer werden exportiert. Es fließt Geld. Es fließt viel Geld. Aber es fließt nicht in das Land. Korruption finanziert das Luxusleben führender Köpfe und ausländischer Gesellschaften. Auf deren Einkommen sind die Preise in den Supermärkten und die Mieten der Häuser abgestimmt.
Menschen mit leuchtendroten Mündern sieht man im Supermarkt nicht. Betelkauer haben Hausverbot. Bei ihnen ist klar, dass es sich niemals um Kunden handeln wird. Sie haben sich selbst markiert. Sie machen es den Zerberussen mit den Baseballschlägern leicht, auszusortieren.
Seit der Kolonialzeit gab es eine allgemeine Schulpflicht für Kinder. Die Bevölkerung wuchs und irgendwann reichte die Anzahl der vorhandenen Klassen und der Lehrer für die Kinderscharen nicht mehr aus. Die Regierung war gefordert, in die Bildung zu investieren, aber die Politiker hatten eine bessere Idee: Die allgemeine Schulpflicht wurde einfach abgeschafft! Perfekt! Nach wenigen Jahren gab es wieder genug Klassenräume. Ein Teil der Lehrer ergänzt jetzt das Heer der Arbeitslosen, aber das eingesparte Geld hat viele Parlamentarier glücklich gemacht. Das ist die PNG-Lösung, die Papua-Neuguinea-Lösung. Das Thema ist vom Tisch, ein paar Leute haben dickere Taschen und viele bezahlen dafür mit einer unerfreulicheren Zukunft.
Es gibt Privatschulen in Port Moresby. Die unterschiedlichen Kirchen bieten Bildung an – gegen Cash. Umgerechnet etwa 18.000 bis 20.000 Euro müssen dafür im Jahr pro Kind aufgebracht werden.

Um das Geld zu erwirtschaften, muss man eine Menge Betelnüsse verkaufen. Oder man gewöhnt die Kinder selbst rechtzeitig an diese Tranquilizer.

Jede Villa, jedes Geschäftshaus, jedes Bürogebäude in Port Moresby ist gesichert wie ein Hochsicherheitstrakt. Massive, übermannshohe Stahlzäune, die Kronen mit NATO-Draht bewehrt, darüber noch fünf Reihen Elektrodraht. Die Konstrukteure werden wissen, warum. An den Toren stehen Security-Leute, die jeden Besucher kontrollieren. Security-Unternehmen sind die größten Arbeitgeber in Port Moresby. So funktioniert das System. Alles ist ruhig. Aber nehmt nur den Leuten ihre Betelnüsse und die Stadt wird explodieren. Sie könnten sich daran erinnern, dass ihr Leben in der Steinzeit angenehmer war.

In Port Moresby gibt es eine starke antieuropäische und antiamerikanische Bewegung. Die Anhänger verstehen sich als Rebellen, verüben Anschläge und Überfälle auf Touristen, auf Segler. Dabei beutet die Crew einer Segelyacht die Ressourcen des Landes gar nicht aus. Sie bezahlt für ihr Hiersein, bezahlt für die in Anspruch genommenen Dienstleistungen, bringt Vermögen ins Land. Aber das Geld verteilt sich nicht in die Breite. Einige profitieren und leben gut davon, viele verfügen nicht einmal über das Existenzminimum.

Mit den Verhältnissen am besten arrangiert haben sich die Highlander. Die Highlander sind Zuwanderer aus den hoch gelegenen, unzugänglichen, dschungelbewachsenen Bergregionen des Landes, einfache Bauern, direkt aus der Steinzeit hierher in die Gegenwart verpflanzt. Highlander sind verhasst, denn sie leben, wie sie wollen, abgesondert vom Rest der Bevölkerung in engen Clans, so, wie sie im Dschungel gelebt haben, scheren sich um keine Regeln der Zivilisation; machen das, was ihnen in den Sinn kommt. Wenn ihnen ein Gelände mitten in der Stadt gefällt, mitten in einem Park, holzen sie die Bäume dort ab, bauen sich daraus Hütten und beginnen mit Landwirtschaft für die eigene Versorgung. Niemand vertreibt sie. Mit unbekümmerter Dreistigkeit organisieren sie ihr Leben im neuen Dschungel mit Namen Port Moresby. Und es funktioniert. In den Highlandern atmen noch kreative Überlebensstrategien, die bei den Städtern längst verkümmert sind. Die Stadtbewohner mögen sie nicht. Vielleicht deshalb, weil die „aus den Bergen" sich nicht den Verhältnissen anpassen, sondern die Bedingungen nach ihren Bedürfnissen formen. Aber vielleicht können die anderen da noch von ihnen lernen.

Die Crew ist zurück in der friedlichen Welt des Royal Papua Yacht Clubs. Happy Hour in der Bar, der Laden ist voll. Ein Drittel sind Gäste, alles Weiße, zwei Drittel ist Personal, alles Schwarze. Neben jedem Tisch steht ein Kellner und wartet darauf, gebraucht zu werden. Die Geschäftsführung legt Wert darauf, dass der Betrieb reibungslos funktioniert. Personal kostet hier nichts. Da kann man klotzen.

16. September, Feiertag in Port Moresby. Papua-Neuguinea erinnert an seine Unabhängigkeit. Am 16. September 1975 erhielt das Land seine volle Souveränität.
Schon seit Tagen werden auf den Straßen T-Shirts in den Nationalfarben verkauft, Kappen und kleine Fähnchen. Die Crew ist neugierig und gespannt darauf, wie dieses Land jubelt.
Sie zieht los, sucht zentrale Veranstaltungsorte, Paraden oder öffentliche Zeremonien. Niemand kann ihnen Auskunft geben. Es werden mögliche Plätze genannt, ein Stadion, das Regierungsviertel, die Ela Beach – aber alle diese Hinweise erweisen sich als Flops. Es gibt nirgendwo Kundgebungen, keine Feiern, keine Paraden, keine Feste.
Bleibt noch eine einzige Adresse, der Independence Hill! Das muss es sein. Nomen est Omen.
Der Independence Hill ist ein großer, freier, staubiger Platz im Stadtteil Gordons. Und wirklich, hier auf dem Feld bewegen sich tausende von Menschen. Alle tragen T-Shirts in den Nationalfarben schwarz und rot, auf der linken Brust einen gelben Paradiesvogel. Die Menschen schlendern umher, langsam und scheinbar ziellos, emotionslos. Eine Feier hatte sich die Crew anders vorgestellt. Irgendwo steht ein Lautsprecher. Eine Stimme beschwört:
„Don´t run, walk!" – Lauft nicht, geht!
Die Crew hat keine Ahnung, wen die Stimme ansprechen möchte. Keiner dieser tausenden von Zombies bewegt sich hier schnell. Kein Ansatz von Panik. Die Segler versuchen herauszufinden, wohin sich die Menschen bewegen. Aber es gibt keine Stände, keine erkennbaren Veranstaltungszentren. Die Menschen gehen umher, das ist alles. Nur am Rande des Platzes wurde eine kleine Bühne aufgebaut. Dort steht der Minister für Sport und erzählt mit dröhnender Stimme über eine monströse Verstärkeranlage, wie schön dieses Land sei. Niemand hört ihm zu. Es gibt keinen Applaus, keine Reaktionen auf seine Ausführungen. Die Leute drehen auf dem Platz ihre Kreise,

langsam, führen ihre Fähnchen spazieren, ihre National-T-Shirts und ihre National-Kappen, ihre Paradiesvögel und kauen ihre Betelnüsse. Allmählich färbt sich der Staub des Platzes von ihrem Speichel rot. Niemand singt, niemand tanzt, niemand feiert.
Auf dem Independence Hill sind die Segler die einzigen Fremden. Es gibt sonst kein anderes weißes Gesicht. Die finden sich später im vollbesetzten Royal Papua Yacht Club. Da stehen sie, die alten Kolonialisten, in ihren kniefreien Hosen, mit den beigen Kniestrümpfen in den seitlich geschnürten Halbschuhen, so wie früher, fast wie eine Karikatur. Natürlich ist PNG unabhängig, hat eine Führung aus Einheimischen. Aber diesen Khakishortträgern hier ist es gleich, wer neben ihnen Regierung spielt, solange sie das Geld haben.
An den Balustraden des Yachtclubs hängen Luftballons in Schwarz, Rot und Gold; die Wände sind mit Blumen in den Nationalfarben dekoriert. Die abgelösten Kolonialherren prosten sich zu, feiern, lachen über die Unabhängigkeit des Landes von ihnen. Sie werden von einer Gruppe Einheimischer in grellbunten Plastikkostümen unterhalten, die auf einem kleinen Wiesenstück unterhalb der Bar das aufführen, was in Disneyland wohl als traditionelle Tänze durchgehen könnte. Das weibliche Bedienpersonal trägt heute zur Feier der Unabhängigkeit nur künstliche Baströckchen und um den nackten Oberkörper nichts außer Muschelketten. Den Khakishortträgern gefällt's.
Es gefällt auch dem Wachmann im Wachhäuschen auf dem Wellenbrecher zur Hafeneinfahrt. Mit dem Fernglas hat er von hier aus freie Sicht auf die Tanzgruppe. Das ist gut für den kleinen Jungen, der hinter ihm, am Fuß der Steinaufschüttung, zwischen den Felsbrocken unbemerkt nach Krebsen stochern kann. Niemand sieht ihn. Niemand erklärt ihm mit dem Schlagstock, wo die Grenzen zwischen dem Slum und dem Yachtclub sind. Er hat Zeit, für das Abendessen der Familie zu sorgen.
Happy Independence!

Wüstenregatta

Es gibt einen Segelclub in Lüderitz, in Namibia. Das Clubhaus ist neu und gemütlich. Es liegt unmittelbar am Hafen am Anfang der Waterfront. Um die Theke hängen Wimpel von anderen Segelclubs. Bilder von Segelbooten dekorieren die Wände. Aber es gibt keine Segelboote auf dem Wasser davor. Und es gibt keine Segler in diesem Segelclub.
Um hier Mitglied zu werden, muss man keine Boote mögen, man muss trinken können. Die Clubmitglieder sind hervorragende Knobler und spielen meisterlich Poolbillard. Das Wort „Kräuterlikör" ist geläufig, Lee und Luv und Ree sind unbekannt. Man spricht deutsch, nennt sich selbst „Südwester", trinkt viel und singt laut und kräftig und schön deutsche Lieder, ist gastfreundlich und freut sich über Besucher aus Deutschland. Aber über Segeln kann man in diesem Segelclub nicht sprechen. Wir finden nur einen, der vor langer Zeit einmal eine Segeljolle besessen hat und sich noch schwach daran erinnern kann, wie das gewesen ist, damals. Er heißt Fritz, wie sonst? Fritz hieß schon sein Großvater, der noch nach Deutsch-Süd-West-Afrika ausgewandert ist, so hieß sein Vater und für seinen Sohn ist diesem kein anderer Name eingefallen.
Fritz liebt seinen Segelclub, aber er segelt nicht mehr. Heute fährt er

Motorrad. Er liebt die Wüste, die einsamen, schnurgeraden, kilometerlangen Strecken dort, die Stille.

Die Wüstenstadt Lüderitz liegt wie eine Insel zwischen tausenden von Quadratkilometern Wüste im Osten und dem Atlantik im Westen. Die Wüste ist Sperrgebiet, darf nicht betreten werden. Dort wurden früher Diamanten abgebaut. Heute nicht mehr. Es ist nicht gut, wenn zu viele der Edelsteine auf dem Markt sind. Das ist nicht gut für die, die damit handeln. Es heißt, zu finden sei immer noch etwas. Aber das Suchen ist nicht mehr erlaubt.

Nur eine einzige Straße führt aus Lüderitz heraus nach Osten durch die Namibwüste, 125 Kilometer weit in die nächste Stadt bis nach Aus. Unterwegs ist das Verlassen der Straße streng untersagt und wird überwacht. Das ist der Grund, dass es Spaß macht, mit einer Enduro weg von der Straße in das Sperrgebiet zu fahren, tief hinein in die Wüste und in der unwirtlichen Einsamkeit Grillfeten zu feiern. Es macht Spaß, weil es verboten ist und weil die Tankfüllung eines Motorrades länger reicht, als die der verfolgenden Hubschrauber der Diamantenverwaltung. Auch das ist ein Art von Regatta, auch das lässt sich genießen. Die Wüste kann ein Freund sein.

Fritz liebt seinen Segelclub, das Bier, gebraut nach deutschem Reinheitsgebot, Kräuterlikör und deutsche Lieder. Und wenn es spät wird am Abend, und das wird es jeden Abend in diesem Segelclub, dann kommen die blauen Schnäpse auf die Theke. Die sind tiefblau und sie leuchten wie der weite Ozean…

Glossar

Achterliek: hintere Kante des Großsegels

Admirals Cup: bekannter britischer Segelwettbewerb, der von 1957-2003 augetragen wurde und als inoffizielle Weltmeisterschaft galt

anluven: Den Bug des Bootes zum Wind hin drehen.

Auge: Schlinge aus Tauwerk oder fester Metallring

Außenborder: Einheit aus Motor und Schiffsschraube, die außen am Boot befestigt wird. Wird auf Yachten typischerweise für das Beiboot verwendet.

Autopilot: elektrische Steuerungsanlage

backbord: vom Heck aus gesehen linke Bootsseite

back stehen: Wenn das Segel auf der dem Wind zugewandten Seite des Bootes steht. Normalerweise befindet es sich auf der dem Wind abgewandten Seite. Kann zum Drehen oder Bremsen des Bootes eingesetzt werden.

Backskiste: auf Segelbooten eingebaute Truhe, die als Stauraum dient

Bake: allg. Seezeichen, hier: Rettungsgerätfunkstelle, mit dessen Hilfe Satelliten oder Search-and-Rescue-Einsatzkräfte rettungsbedürftige Schiffe, Personen oder Flugzeuge orten können.

Baum: Querstange zum Mast zur unteren Befestigung des Großsegels

Baumbremse: spezielle Leinenführung zum kontrollierten Bewegen des Baums von einer Schiffsseite auf die andere beim Halsen

Baumnock: das hintere Ende des Baums

Bug: vorderer Teil eines Bootsrumpfs

Bugkorb: Metallkorb am Bug des Bootes

Cockpit: Teil des Decks eines Sportbootes mit Steuerstand und Sitzgelegenheiten

Deck: horizontale Abdeckung des Schiffsrumpfs

Dinghi: kleines Beiboot

EPIRB: Rettungsgerätfunkstelle, mit dessen Hilfe Satelliten oder Search-and-Rescue-Einsatzkräfte rettungsbedürftige Schiffe, Personen oder Flugzeuge orten können

Fall: Leine zum Setzen von Segeln

Fender: Schutzkörper zum Schutz vor Beschädigung des Bootsrumpfs durch bauliche Gegebenheiten oder andere Schiffe in Häfen oder Schleusen

Festmacher: Leinen zum Befestigen des Schiffs am Steg

fieren: ein Segel weniger dichtholen, indem den Schoten Lose gegeben wird

Fock: kleineres Vorsegel als Genua

Fuß: Maßeinheit; ein Fuß entspricht 30,48 cm

Geberdurchbruch: vollständige Durchbohrung des Rumpfes zur Montage von Messinstrumenten wie Echolot oder Logge

Genua: Vorsegel auf einmastigen Booten und Schiffen, das das Mastsegel überlappt (größer als Fock)

Großsegel: Hauptsegel, das am Mast befestigt wird

Halbwind: rechtwinklig auf das Boot einfallender Wind

Havarist: verunglücktes Schiff

Heck: hinterer Teil eines Bootsrumpfs

Kajüte: Wohnraum an Bord unter Deck oder als Aufbau auf dem Deck

Jolle: kleines formstabiles Schwertboot

Kabellänge: entspricht 1/10 Seemeile, d.h. 185,2 Meter

Kalmen: windstille Regionen zwischen dem zehnten südlichen und dem zehnten nördlichen Breitengrad

Kausch: eine aus Metall oder Kunststoff gefertigte Verstärkung eines Drahtseil- oder Tauwerk-Auges oder ein ins Segeltuch gestanzter Ring

Kardinalzeichen: Seezeichen zur Kennzeichnung von Hindernissen oder Untiefen

Klampen: Vorrichtung zum Belegen von Leinen

Klassenvereinigung: Organisation oder Verein, der für die Definition einer Bootsklasse im Segelsport im Rahmen der International Sailing Federation ISAF im Hinblick auf faire Wettkampfbedingungen zuständig ist

Kiel: Mittschiffs am Boot angebrachter Längsverband eines Schiffes. Er dient der Stabilisierung des Rumpfs und vermindert die seitliche Abdrift.

killen: Flattern eines Segels oder Segelteils

Knoten: nautische Einheit für Geschwindigkeit; 1 Seemeile/h = 1,852 km/h

Koje: Bett auf Schiffen

Kopfschlag: Seemanssnknoten, der den Abschluss beim Belegen einer Klampe bildet

Krängung: seitliche Neigung von Wasserfahrzeugen

Länge über alles: Gesamtlänge eines Schiffs

Lateralplan: seitliche Ansicht des Unterwasserschiffs

Lazy Jack: diagonal zwischen Mast und Baum gespannte Leinen zur Führung des Segels beim Bergen

Lee: die windabgewandte Seite

Leuchtfeuer: ortfestes Lichtsignal

Lifeline: Gurt zur Sicherung von Crewmitgliedern an Bord von Schiffen

Logge: Gerät zum Messen der zurückgelegten Strecke durchs Wasser

Lümmelbeschlag: bewegliche Verbindung zwischen Mast und Baum

Luke: Öffnung im Deck oder in der Bootswand

Luv: die windzugewandte Seite

Mast: vertikaler Träger auf Schiffen, an dem diverse Schiffsteile wie Positionslichter und Antennen, insbesondere aber Segel festgemacht werden können

Mooringbojen: am Grund befestigte Boje zum Festmachen von Schiffen

Nautik: Schifffahrtskunde

Navigation (nautisch): alle Maßnahmen zur Bestimmung eines geeigneten Kurses, um von A nach B zu kommen

Niedergang: Abgang vom Deck in das Bootsinnere

Offshore: auf hoher See

Opti: Kurzform für Optimist; 1947 von Clark Mills konstruierte Segeljolle. Da dieser populäre Bootstyp klein und leicht zu handhaben ist, ist er insbesondere für Kinder ein ideales Einstiegsboot.

Pinne: Steuerstange, an dessen Ende das Ruder befestigt ist

Plotter: Navigationsgerät, das die elektronische Seekarte und den gefahrenen Kurs anzeigt

Positionslichter: Lichtquellen an Schiffen, die Auskunft über Position und Kurs geben und der Kollisionsverhütung dienen

Protestflagge: Flagge, mit der die Besatzung eines Boots gegen eine Regelverletzung durch andere Teilnehmer oder die Regattaleitung protestieren kann

Raum!: Im Regattasport verbindlicher Ausruf, um ein kursbehinderndes Fahrzeug auf das eigene Wegerecht aufmerksam zu machen.

Raumschotkurs: Kurs, bei dem der Wind von achtern, d.h. von hinten kommt

Ree: Kommando zur Einleitung eines Wendemanövers

reffen: Verkleinern der Segelfläche

Regatta: Segelwettkampf

Reling: Geländer um das freiliegende Bootsdeck

Rumpf: Bootskörper mit Deck, Aufbauten und Cocopit

Rumpfgeschwindigkeit: die größtmögliche Geschwindigkeit eines Verdrängers aus eigener Kraft

Schoten: Leinen zum Bedienen von Segeln

Schott: Öffnung im Deck oder einer Trennwand, die durch verriegelbare Luken verschlossen werden kann

Schwert: parallel zur Fahrtrichtung senkrecht durch den Rumpf geschobene Platte zur Verminderung der Abdrift bzw. zur Umsetzung der Abdrift in Vortrieb

Seemeile: entspricht 1,852 km

Seeventile: verschließbare Öffnung im Rumpf, um Wasser oder Abwasser ins Boot oder aus dem Boot heraus zu pumpen

Sitzducht: seemännischer Fachbegriff für eine Bank oder ein Sitzbrett auf einem offenen Ruder- oder Segelboot

Skipper: verantwortlicher Boots- oder Schiffsführer

Spi: Kurzwort für Spinnaker; großes, bauchig geschnittenes Vorsegel aus leichtem Tuch, das vor dem Wind und auf Raumschotkurs gesetzt werden kann

Sprayhood: aufgespanntes Halbverdeck über dem Niedergang

Spriet: Spiere bzw. Rundholz, das diagonal vom Mast abgespreizt wird, um daran ein viereckiges Segel zu befestigen

Spring: Leine, die bei An- und Ablegemanövern oder beim

Festmachen verhindert, dass sich das Boot unkontrolliert nach vorne und hinten bewegt

Squall: Böe

Stage: Taue oder Drahtseile zur Stabilisierung des Mastes nach vorne (Bug) oder hinten (Heck)

Steckschott: Verschluss des Niedergangs

steuerbord: vom Heck aus gesehen rechte Bootsseite

Süllkante: aufrechte Einfassungen von Öffnungen an Deck

Tonne: Schiffahrtszeichen

Verklicker: Windanzeiger auf Segelbooten

VHF-Funkgerät: Funkgerät, das Signale über UKW überträgt (UKW entspricht im englischen Sprachraum VHF = very high frequency)

Vollzeug: alle normal stehenden Segel sind gesetzt

Vorsegel: sämtliche Segel, die vor dem Mast gesetzt werden

vor Topp und Takel: ohne gesetzte Segel

Vorschiff: der Teil des Boots, der sich vor dem Mast befindet

Wanten: Leinen oder Stahlseile zur Stabilisierunng des Masts zur Seite, also an Back- und Steuerbord des Schiffes

Windsteueranlage: mechanische Selbsteuerungsanlage mithilfe einer Windfahne

Winsch: Winde, die das Bedienen der Leinen erleichtert

Verlagsprogramm

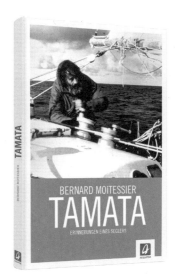

BERNARD MOITESSIER:
TAMATA

„In seiner Autobiografie zieht Bernard Moitessier die sehr persönliche Bilanz eines wirklich bewegten Lebens. Tamata ist viel mehr als Segeln. Es ist die Erzählung eines ungewöhnlichen, gelebten Traumes. Kurzum eine Erklärung, warum dieser "Vagabund der Meere" zu einer großen Seglerlegende geworden ist.
Tamata ist ein Buch für Moitessier-Liebhaber und Langstreckensegler. Es gibt eine Antwort auf die Fragen aller, die vom Horizont der Südsee und dem Leben unter Palmen träumen."
(Wilfried Erdmann in seinem Vorwort zu „Tamata")

ISBN 978-3-95737-007-5
34,95 € [D] / 35,93 € [Ö]

Auch als E-Book erhältlich:
ISBN: 978-3-95737-008-2
29,99 €

TOM CUNLIFFE:
PROFIWISSEN FÜR SEGLER

In diesem kompakten Ratgeber von Tom Cunliffe geht es um die zentralen Themen des Segelns: Bootshandhabung, Seemannschaft, Navigation, Segeltrimm, Skipper-Fähigkeiten sowie Notfälle. Mit Ratschlägen und konkreten Tipps ermuntert er Segler aller Erfahrungsstufen, kritische Manöver auszuprobieren und neue Erfahrungen zu sammeln. Dies tut er undogmatisch und unterhaltsam.

ISBN 978-3-95737-005-1
39,95 € [D], 41,07 € [Ö]

Auch als E-Book erhältlich:
ISBN: 978-3-95737-006-8
29,99 €

SEBASTIAN PIETERS:
AUF ACHT METERN UM DIE WELT

„Eine Weltumsegelung ist ein großes Abenteuer. Sebastian Pieters hat es gewagt. Als er anfing davon zu träumen, hatte er weder Geld noch Boot. Und dennoch segelte er mit 22 Jahren los. Wie? Das steht in diesem Buch." (Bobby Schenk in seinem Vorwort)

ISBN 978-3-95737-003-7
12,95 € [D] / 13,31 € [Ö]

Auch als E-Book erhältlich:
ISBN: 978-3-95737-004-4
9,99 €

Verlagsprogramm

DIE SEGLERKÜCHE

99 leckere Rezepte für jeden Appetit und jedes Segelwetter. Ob leidenschaftlicher Hobbykoch oder Freund der schnellen Küche: In diesem Kochbuch findet jeder das passende Menü für seine Crew. Mit praktischen Tipps für das Kochen an Bord richtet sich „Die Seglerküche" gezielt an Smutjes. Käufer erhalten im Internet die Rezepte zum Download.

ISBN 978-3-95737-001-3
24,95 € [D] / 25,65 € [Ö]

JOSHUA SLOCUM:
ALLEIN UM DIE WELT SEGELN

Die Geschichte der ersten Einhand-Weltumseglung vom großen Pionier Joshua Slocum. Der Klassiker aus dem Jahr 1900 in neuer Übersetzung, erstmals auf Deutsch mit Originalgrafiken und einem Vorwort von Wilfried Erdmann.

ISBN 978-3-95737-000-6
22,95 € [D] / 23,60 € [Ö]

Auch als E-Book erhältlich:
ISBN: 978-3-95737-002-0
11,99 €

LOGBUCH

Das Aequator-Logbuch in frischem, sportlichem Design! Neben den regulären Logbuchseiten, die zum juristisch korrekten Führen des Logbuchs motivieren, das wichtigste nautische Wissen im Überblick. Auf 24 farbigen Seiten sind beispielsweise Signale, KVR, Beaufort-Tabelle, Flaggenalphabet und Checklisten übersichtlich dargestellt. Ein verlässlicher und robuster Törnbegleiter für Eigner oder Charterskipper.

19x24 cm

ISBN 978-3-95737-011-2
22 € [D] / 22,60 € [Ö]